中公新書 2802

佐藤主光著

日本の財政——破綻回避への5つの提言

中央公論新社刊

はじめに

日本の財政が岐路に立っている。国の借金である国債残高は2023年度に1068兆円と見込まれ、国や地方自治体などを含めた「一般政府」でみても、対GDP比の債務残高が約260％である。主要先進国の対GDP債務残高は、ドイツが約67％、米国が約122％、ワースト2位のイタリアでも約144％であるから、日本がいかに悪い状況かわかるだろう。

このまま国の借金がかさめば、いずれ財政が行き詰まり、国家の基盤である社会保障や公共サービスが回らなくなりかねない。つまり、十分な医療を受けられず、子どもたちの教育が疎《おろそ》かになり、国を守る安全保障も立ちゆかなくなってしまう。社会が混乱を来す前に、日本は財政を健全化させることができるだろうか。

財政が悪化を続ける原因は序章でも触れるが、まずは日本社会の高齢化と、それに伴う社会保障費の増加がある。そしてここ30年は、デフレ経済の下で税収が低迷する一方、景気対策として財政支出が拡大したことがある。更に2019年末からコロナ禍、2022年のロシアのウクライナ侵攻、そして台湾有事への緊張感の高まりは、それぞれの緊急的な対策を必要とし、やむを得ない面もあるにせよ財政悪化に拍車をかけた。

日本の多くの国民は、必ずしも財政問題を楽観視しているわけではない。一方で、財政は個人の懐が直接的に痛むようには感じにくいため、どこか他人事になりがちな問題である。

ここで東京財団が2022年11～12月にインターネットで行った興味深いアンケートを紹介したい。実施した22年末時点は、コロナ禍などで政府債務が急増したが国債金利が低い水準に留まってきたこともあり、経済論壇ではしばしば財政赤字は問題ない、という主張があった。しかし、アンケート調査によれば一般国民の65・5%、経済学者の86・5%が財政赤字を問題だと思っている。強い危機感があるにもかかわらず、財政の健全化に向けた政治的な合意形成がなされないのはなぜか？　アンケートを詳しく見ていくと、一般国民は財政赤字を問題視する一方、それを「自分事」として捉えていないことがわかってきた。

そこで本書は、日本の財政を把握するとともに、どのように立て直すべきかを考えていく。そして財政再建の方策として、次の5点の対策を提言したい。

①規模ありきの財政出動から、賢く効果的な支出「ワイズスペンディング」へ
（第四章1節）

②企業・産業の新陳代謝の促進、雇用の流動化（第四章2節）
③抜本的な税制改革（第五章）
④セーフティネットの構築（第六章）
⑤規律を回復させる「ペイアズユーゴー」など財政ルールの設定（第七章）

本書はこれらの提言を盛り込みながら、以下のように構成される。

序章では、そもそも財政とは何か、その意味と機能を確認する。そして先のアンケートから、国民と経済学者が財政をどのように捉えているのか検討する。

第一章では、我が国の財源の現状と課題について概観する。コロナ禍を契機に財政の拡大が続く。しかし、一度緩めた財布の紐は、平時に向けて締めることができるだろうか。課題はコロナ禍だけではなく、安全保障や少子化への対策のため、新たな財源が問われている。

第二章は2010年代の経済政策だったアベノミクスを振り返りつつ、我が国の財政政策の課題について述べる。政府・与党の中でも持続可能な財政健全策を支持する人々がいる一方で、積極的財政政策を引き続き支持する人々がいる。一時はMMT（現代貨幣理論）のような大胆な策も流行したが、近年に出た財政政策はどう評価すべきか、検討したい。

第三章では、財政の健全化に向けた課題を考える。本章では財政再建が進まない要因として、自身の既得権益は守りつつ、誰かが財政再建に動くことを当てにした「チキンゲーム」にあることを取り上げる。仮に国が財政的に行き詰まれば、問題は国に留まらない。多くの地方自治体は国からの補助金に依存している。補助金カットとなれば、住民に身近な公共サービスも滞りかねない。こうした財政赤字の帰結について考えていく。

日本経済は財政危機に陥る代わりに、徐々に沈んでいくかもしれない。経済の低迷で低金利とカネ余りが続く限り、赤字でも財政は回る。しかし、賃金は低水準のままで、日本の先進国としての地位さえ危うくなりかねない。第四章ではこれを日本経済の「アルゼンチン化」と称する。これを避けるにはどうするか。政府は脱デフレによる景気の回復と合わせて、中長期的な成長戦略を掲げてきたが、スタートアップ企業など新たな成長の担い手を見出すことができていない。日本は、規制の設計や補助金の配り方などでも、新たな育成よりも現状維持を志向して保護する性格が強い。本章では、成長のための新陳代謝の必要性と、そのための予算のワイズスペンディング（賢い支出）を示す。

第五章では、今の日本の税制を概観するとともに、グローバル化、デジタル化が進んだ21世紀の税制の課題、あり方を検討する。日本では、税制について国民が十分に理解しているとは言い難い。その背景には、徴税を雇用主（企業）に依存した構造がある。働き方が多様化する今、雇用主が行う源泉徴収と年末調整で所得税を完結させる仕組みが今後も有効かは疑問が残る。消費税はしばしば逆進的で不公平と批判される。しかし本章では、消費税が経済成長と親和性が高いことを強調する。また、新たな法人税の仕組みについても紹介する。

第六章では財政の再分配機能と、新たなセーフティネットについて考える。これまでのセーフティネットは、年金や生活保護など高齢者や就労困難な生活困窮者向けだった。しかし近年、非正規社員やフリーランス契約など、雇用が多様化、流動化し、セーフティネットのあり方自体が問われている。働き方が多様化し、勤労者の貧困が課題になる今、求められるのは格差是正のみならず、そのための環境整備、新しいセーフティネットの構築である。

第七章では、ここまでの議論を踏まえて、国民一人一人が、財政の当事者である意識を促す方策について検討する。具体的には新たな財政ニーズは既存の支出を見直すことで財源確保をする「ペイアズユーゴー（Ｐａｙ Ａｓ Ｙｏｕ Ｇｏ）原則」の徹底、社会保障給付費を賄うよう消費税税率の段階的な増税をデフォルト（既定路線）とした上で歳出改革や高成長の実現を反映して増税幅を引き下げる財政ルールがある。また、国民が身近に享受する公共サービスの財源としての財政赤字を「可視化」して国民のコスト意識を喚起する。無論、こうした改革には「痛み」が伴う。最後に私たちの現在の判断が「歴史」によって評価され、審判されることを強調したい。

本文を始めるに先立ち、財政に対する本書の立ち位置を明らかにしておきたい。

本書は政府が無制限に財政赤字を出し続けることはできないと考える。経済の不景気やコロナ禍のような危機に際して財政が赤字になることはあっても中長期的には政府の支出と収入はバランスしてなければならない。経済学では一般に資源や資金には「制約」がある。政府といえども、この制約を無視することはできず、そのような財政は持続可能ではない。そもそも、経済においては「ただ飯（フリーランチ）」はないのだ。つまり、社会保障や公共サービスには、負担が伴わなければならない。現世代がその負担をしないのであれば、公共サービスのコスト分が財政赤字となって将来世代の負担となる。コロナ禍以降、財政赤字による「大型の財政出動もやむなし」に感覚がマヒしている感はあるが、このままでは将来に禍根を残しかねない。

目次

図表作成　市川真樹子

日本の財政

――破綻回避への5つの提言

序　章　財政の機能と国民意識

1　財政の三つの機能

資源配分と所得再分配

「財政」という言葉を聞いても、多くの読者にとっては自分事には感じられないかもしれない。しかし、財政は本来、私たちの生活に身近なものである。

基本的な定義から確認しておけば、財政とは「国または地方公共団体などが行政活動や公共政策の遂行のために行う、資金の調達・管理・支出などの経済活動」（大辞林）とある。

そして米国の著名な財政学者リチャード・マスグレイブは、財政の機能について、①資源配分機能、②所得再分配機能、③経済安定化機能、の三つに分類した。

このうち①の資源配分機能は、市場経済に任せていては十分に供給されない財貨・サービス等を、政府自らが提供することを指す。具体的には道路や橋梁《きょうりょう》などのインフラ整備、防災対策や生活ゴミの回収など様々なものがある。日頃は、橋梁を誰が管理しているのか意識することは少ないだろうが、大きな一級河川は国が、二級河川は都道府県がそれを担っている。日本の多くの公共サービスは、国がその財源を賄い、地方自治体が国から補助金を得て担っていることが多い。つまり、我々の徴税されたお金が、国や都道府県を経由して公共サービスとして提供される。

資源配分機能は公平の観点からも重要だ。医療・介護は、まさに国民の健康に関わるサービスで、全ての人が安心できる水準が保証されなければならない。学校教育は民間でも担えないわけではなく、実際に私立の学校も多い。とはいえ、親の所得状況によらず、全ての子どもたちに対して十分な教育の機会を与えることは公平に適う。また、本来、有為な人材が発掘できなければ、一国の成長力も損ないかねない。

そして近年、所得の格差拡大が顕著になってきている。財政は、課税と給付で②の所得再分配機能を発揮し、格差を是正する。もちろん、努力をして高い所得を得た場合にはその努力が報われるべきで、格差を完全に無くせばよいわけではない。どの程度に格差是正を求めるかは、その社会の公平感、つまりは国民の間でのコンセンサスによるだろう。

他方、所得再分配には「保険」としての側面があることにも留意されたい。現在の中高所得層は再分配の財源を負担する側にあたる。しかし、今はよい所得を得る彼らも、将来において職を失くして所得が下がったならば、そのときは再分配によって救われるはずだ。所得再分配はこうしたセーフティネットの役割を果たす。

「失われた30年」と経済安定化機能

第六章でも確認していくが、働き方が多様化する昨今、フリーランス・非正規雇用など収入が不安定な勤労者が増えている。再分配機能は社会の「支え手」を支える役割もある。財政のミクロな役割が公共サービスの提供や所得再分配だとすれば、マクロ経済に影響するのが③の経済安定化機能である。

景気が悪化すると、企業は生産を縮小して雇用を抑えたりする。雇用の悪化は家計の消費を一層低迷させて、需要は更に落ち込む。これが悪循環となって、不景気が深刻になっていく。人々や企業の先行きへの見通し（期待）も悪化し続けてしまう。こうした景気の変動を緩和するのが経済安定化機能だ。具体的には、政府が財政支出を増やして需要を喚起したりする。

実際、バブル経済が崩壊した1990年代以降、日本経済は慢性的な物価の下落（デフレーション）と、需要の不足に陥った。それを支えるべく、政府は数度にもわたって財政拡大

＝積極財政を講じてきた。しかし、今や「失われた30年」と称されるように、長きにわたる経済の低迷が続いている。2012年に発足した第二次安倍晋三政権で行われた、いわゆる「アベノミクス」は、積極財政と金融緩和を強力に推し進めることでデフレ経済からの脱却を図ったものである。

もっとも、財政の経済安定化機能ばかりを強調し過ぎると、ややもすれば財政収支の均衡を軽視することにもなりかねない。財政赤字はいつまでもたれ流し続けることはできない。仮に、赤字を伴う財政出動で景気が上向いたとしても、自ずと財政収支が改善するかは定かではない。財政の健全化への方針変更が必要なところ、本書でも度々言及するように赤字は出せても黒字化が難しいのが民主主義の下での財政運営だ。

振り返れば中曽根康弘政権で日本専売公社や国鉄の民営化がされて以降、橋本龍太郎政権での金融ビッグバンや、近いところでは特に2001年からの小泉純一郎政権で、市場経済を重んじる「新自由主義」が強調された。

一方、2021年に岸田文雄政権に代わってからは、それとは異なる「新しい資本主義」が標榜《ひょうぼう》されている。しかし、市場に代わって政府が積極的に経済に関与すれば、事態が好転するわけではなさそうだ。そもそも新しい資本主義以前から財政出動にもかかわらず、日本経済は成長力を回復できないでいる。むしろ、中小企業等の雇用を守るにも、地方経済を活性化させるにも補助金を含む財政頼みの状況だ。

関連して第一章で詳しく述べるように、コロナ禍中は企業の雇用維持に要した費用を助成する「雇用調整助成金」が多用されていた。もっとも、この助成金は、結果として経済の新陳代謝と労働移動を阻害したのではないか、という批判もある。不況時やコロナ禍など、非常時において財政が経済を支えるのはあってしかるべきだ。ただし、その前提は、いずれ民間主導の経済成長が回復することにある。政府はしばしば「経済成長なくして財政再建なし」と主張するが、実態は「財政の拡大なくして経済を支えられない」状況に陥っているのかもしれない。我が国は財政出動など一度始めたら止められない。政治はそれを変えることができないし、そのつもりもないのが現状だ。

財政拡大の常態化

国・地方を含む一般政府の債務残高は、対GDP比の約260％となっている。原因の一つには、デフレ経済の下に税収が低迷したことがある。主要な税には所得税、法人税、消費税がある。このうち所得税は、賃金が伸びなければ、あるいは配当や株式の譲渡益が増えなければ増加は見込めない。法人税は企業の利益への課税であり、景気の動向に左右されやすい。それとは対照的に、消費税は景気の影響を比較的受けにくい安定財源とされる。だからこそ、消費税は社会保障の財源と位置付けられてきた。

財政の支出サイドは、景気だけでなく構造的な要因が重要となる。デフレやコロナ禍などで景気が落ち込む度に、政府は経済安定化機能の一環として給付や補助金、公共事業などの支出を拡大させた。しかし、前述の通り、補助金を当てにするなど経済が財政に依存する体質が助長され、財政拡大が常態化しつつある。

そして、日本は高齢化に伴い年金、医療・介護など社会保障給付が増えている。国の社会保障費の「自然増」は毎年5000億円超に上り、税収や保険料だけでは社会保障費を賄い切れていない分が、財政赤字となる。これは高齢化という社会構造によるものだから、コロナ禍などの危機が去っても、デフレ経済から脱しても、自ずと解消するわけではない。つまり、財政再建に向けた何らかの努力が必須となる。しかし、財政の健全化を巡る議論は、健全化それ自体の是非、つまり入口で留まっていた感が否めない。本来あるべきは、増税と歳出改革のいずれを先行させるか、どう組み合わせるかといった方法論だ。

政府与党の自民党の内部でも、財政健全化派と積極財政派の対立が深まってきた。後者は2025年度の国・地方を合わせた基礎的財政収支（プライマリーバランス）の黒字化の先送りを求めている。政府も「財政健全化に向けて取り組んでいく」としながらも、（2025年度とする）「現行の目標年度により、状況に応じたマクロ経済政策の選択肢が歪められてはならない」（基本方針２０２３）、つまり黒字化は経済の状況しだいと歯切れが悪い。

2　アンケートから見える人々の意識

経済学者と一般国民で合致する問題意識

政治においても、ひいては国民においても、なぜ財政を巡る合意形成は難しいのか？　筆者が研究主幹を務める東京財団政策研究所の研究プログラムの一環として２０２２年11〜12月に、国内の経済学者（対象７２７人、回答者２８２人）と一般国民（回答１０００人）の双方を対象に、日本経済や財政の見通し等に関するネット調査を実施した（「多様な国民に受け入れられる財政再建・社会保障制度改革の在り方：行動経済学・政治学の知見から」（研究代表：佐藤主光））。

ただし、経済学者といっても大学の学術研究者からシンクタンク等のエコノミストまで多様なバックグラウンドがある。本調査では学術研究者を対象とした。具体的には国際評価基準で国内トップ25％の大学から対象者を抽出している。

調査の目的は、経済学者や一般国民の中で財政・経済に関わる意見が、どの程度一致しているのか、あるいは乖離《かいり》しているのかを知ることにある。例えば、財政赤字への問題意識に

0-1　経済・財政についてのアンケート調査

Q1：日本の財政状況についてお伺いします。財政赤字についてどのようにお考えですか。以下の中から、当てはまるものを1つ選んでください。

	経済学者		一般国民	
	回答数	割合(%)	回答数	割合(%)
財政赤字は大変な問題	125	44.3	404	40.4
財政赤字はある程度問題	119	42.2	251	25.1
どちらともいえない	16	5.7	103	10.3
財政赤字はあまり問題ではない	17	6.0	89	8.9
財政赤字はまったく問題ではない	2	0.7	27	2.7
わからない	3	1.1	126	12.6
合計	282		1000	

Q2：財政赤字の原因は何だと思いますか。あてはまるものを2つまで選択してください。

	経済学者		一般国民	
	回答数	割合(%)	回答数	割合(%)
社会保障費	203	72.0	175	17.5
公共事業	55	19.5	125	12.5
高い公務員の人件費	5	1.8	404	40.4
政治の無駄遣い	116	41.1	715	71.5
その他	41	14.5	46	4.6
わからない	7	2.5	98	9.8

Q3：あなたの消費税に対するイメージとしてあてはまるものを2つまで選んでください。

	経済学者		一般国民	
	回答数	割合(%)	回答数	割合(%)
逆進的で不公平	48	17.0	238	23.8
景気に悪影響	42	14.9	441	44.1
世代間で公平	96	34.0	183	18.3
投資や雇用への歪みが少なく効率的	99	35.1	67	6.7
安定財源	170	60.3	220	22.0
その他	12	4.3	17	1.7
わからない	6	2.1	159	15.9

注：割合は回答者数に対して

出所：東京財団政策研究所「多様な国民に受け入れられる財政再建・社会保障制度改革の在り方」アンケートより抜粋

顕著な違いがあれば、財政再建の合意は難しいものと思われる。その結果は次のようにまとめられる。

第一に、経済学者も一般国民も、今後の日本の経済成長を楽観視していない。成長に関する質問で、「高い成長は可能」あるいは「大規模な財政出動があれば成長は可能」との回答は経済学者で4・3％、一般国民で15・7％といずれも少数だった。これまで、積極財政派は需要不足（デフレ・ギャップ）の解消だけでなく、民間消費・投資を持続的に増大させるために、中長期の財政出動を要請してきた。彼らは財政出動が成長の「好循環」を実現すると主張してきた。しかし、これは一般に受け入れられているわけでもないようだ。実際、アベノミクスの下で度重なる財政出動をしたにもかかわらず、高い成長軌道に乗らなかった経験が背景にあるのかもしれない。高い成長を達成することで税収も増やし、自ずと財政を健全化するという目論見《もくろみ》も共通認識でないことになろう。

第二に、経済学者も一般国民も、財政赤字を問題視している。「財政赤字は大変な問題」「財政赤字はある程度問題」という回答を、経済学者の86・5％、一般国民の65・5％が選んでいる。いわゆるＭＭＴ（現代貨幣理論）のような、自国通貨を発行する政府は財政的な制限を受けず、財政赤字は問題ではないとする考え方は国民の間でも浸透していないようだ。

合わせて、財政赤字がこのまま拡大したときの結果として「何も起こらない」という楽観は経済学者・一般国民とも僅かに留まる。むしろ、「増税や歳出カットなど厳しい財政再建を強いられる」とする向きが多かった。インターネット上には、「財政破綻は財務省の陰謀」といった言説も散見するが、それとは対照的な回答だった。

原因とイメージについて食い違う認識

ここまでのアンケート結果を見れば、経済学者と一般国民に一定のコンセンサスがあるとわかる。であれば財政再建に向けた合意は容易に思われるが、そうではない。両者の間では、次の二点で認識が決定的に異なっている。

第一は、財政赤字の原因である。

経済学者は日本の財政赤字の原因（二つまで選択可）として、「社会保障費」（回答者282名中203名）を挙げ、これに「政治の無駄遣い」（116名）が続く。

他方、一般国民の認識は大きく異なる。一番の理由に「政治の無駄遣い」（回答者1000名中715名）とする。無駄遣いの具体的な中身までは調査で訊いていないが、ほかで行われた調査から類推すると、国会議員の歳費や選挙目当ての公共事業や補助金のバラまきなどを指しているものと思われる。次に多い回答が「高い公務員の人件費」（404名）だった。

しかしこの認識は必ずしも正しくない。公務員の人件費は民間と同様に、過去20年伸びが抑えられてきた。むしろ、長時間労働など過酷な職場環境に比して給与が見合わないこともあり、大卒の公務員離れや早期退職が課題になっている。幹部公務員の「天下り」を念頭に置いているのかもしれないが、巨額な赤字を生み出す程ではないだろう。

第二は、消費税への認識の違いだ。調査では消費税へのイメージを訊いている（二つまで選択可）。

経済学者は、消費税を安定財源とする意見が回答者の60・3％、経済活動に及ぼす歪みが少ない効率的な税とする意見が35・1％だった。また、今後の消費税率（回答は一つ）は15％程度とする回答者（90名、31・9％）が最も多かった。ただし、国民負担と歳出改革との関係では「歳出を抑えて負担回避」（97名、34・4％）が最多である。財政の健全化・持続性の確保に際しては、増税より先に歳出の適正化をすべきとしている。

一方、一般国民の消費税への評価は厳しい。「景気に悪影響」（回答者1000名中441名）あるいは「逆進的で不公平」（同238名）の意見が多く占めた。今後の消費税率については「現状維持」、つまり10％のままが望ましいという意見が一番（409名）だったが、廃止もしくは5％に戻す（合わせて351名）という回答も少なくない。

総じて経済学者も一般国民も財政に対する危機意識は共有している。しかし、一般国民は財政悪化の原因を政治の無駄遣いや高い公務員の人件費と考えており、自分たちが受益している年金・医療・介護、子育て支援など社会保障サービスとは思っていない。加えて消費税への不公平感も根強い。政府はこれまで、社会保障給付などの受益と、消費税を含む税の負担との乖離が財政赤字を拡げてきたとしている。消費税率を10%に引き上げることを決めた「社会保障と税の一体改革」も消費税を社会保障給付の財源と位置付けていた。しかし、国民の多くにとって税負担と受益が必ずしも結びついていないようだ。このままでは消費税で社会保障の財源を賄って財政を健全化することへの合意を得ることが難しい。

3　目線を上げる

未来への責任

ややもすれば、財政を巡る議論は目先の景気や負担増に偏りがちだ。増税を含む財政再建は、景気に悪影響、国民の負担になるといった主張が絶えない。しかし本来問われるべきは、財政悪化を放置することが、将来の経済や国民の生活に及ぼす影響だ。確かに増税は現在の景気にはマイナスになる。他方、国の財政が悪化を続け、将来的に増税や歳出カットを含む厳しい財政再建を迫られる事態になれば、将来の経済に大きなダメージとなろう。社会保障の給付が滞るようなことになれば、国民生活にも悪影響を及ぼす。異次元の少子化対策にしても、その財源を財政赤字で、「こども特例公債」という名目で賄っても、その負担が現在の子ども達が成長したときに課されるようであれば、本末転倒だ。

ケインズの名言に「長期的には我々は皆死んでしまっている」というのがある。1930年代当時の経済学者が目の前の不況から目を背けて、長期的な市場経済の安定性を主張していたことへの皮肉ともいえる。

現代の日本では、この逆ではないだろうか。私たちが「目を背けて」いるのは、財政の長期的な課題、つまり持続可能性ではないか。確かに長期的には「我々は皆死んでしまっている」が、将来の世代は残っている。個人の寿命には限りはあっても、日本社会は続く。その将来に私たちは責任を持っている。

そもそも、国民の財政への関わり方は、納税者や公共サービスの受益者といった「生活者」としてだけではない。民主主義国家において、国民は主権者として財政に関わる。日本国憲法第83条は、「国の財政を処理する権限は、国会の議決に基づいて、これを行使しなければならない」として、「財政民主主義」を掲げる。国会の代表者を選んでいるのは国民自身にほかならず、国民の意向が財政には反映されることになる。主権者としては財政が自身の生活に与える影響だけではなく、財政が社会全体に及ぼす効果への考慮が求められよう。

その意味でも、私たちは目線を高くして、未来を見続けていかなければならない。

第一章　日本の現状と課題

1　止まらぬ少子高齢化、膨らむ社会保障

人口減少と少子化対策

人口減少・少子化問題から始めよう。国立社会保障・人口問題研究所の将来推計人口（令和5年）によれば、2070年の日本の人口は現在から概ね3割減の約8700万人になるという。65歳以上人口が約4割を占める一方、生産年齢人口（15～64歳人口）は、2020年の約7500万人から2070年には約4500万人まで減少する。生産年齢人口の減少は働き手の数（労働力）を減らして、成長の足枷《あしかせ》になるだろう。年金、医療・介護など社会保障の受益者は主に高齢者で、支え手となる勤労者との間に生じる不均衡は、社会保障制度の持続可能性自体を危うくしかねない。人口減少の要因として、出生率が低迷を続けて少子

化に歯止めが掛からないことが挙げられる。

2022年の合計特殊出生率は過去最低の1・26で出生数も80万人を割り込んだ（厚労省人口動態統計）。まさに「静かなる有事」といえよう。岸田文雄首相は「これからの6、7年が、少子化傾向を反転できるかどうかのラストチャンス」として新たに「次元の異なる」少子化対策を打ち出してきた。

異次元の少子化対策は、経済的支援の強化、保育サービスの拡充、及び働き方改革の推進を三本柱とする。具体的には、児童手当の所得制限を撤廃して支給対象も拡大する。それまでの児童手当は3歳未満の子ども一人につき月1万5000円、三歳以上～小学生は1万円（第三子以降は1万5000円）、中学生は1万円が原則支給されていた。ただし、子ども二人の専業主婦世帯の場合、給与収入が960万円以上になると手当は一律5000円に減額、1200万円以上は不支給となる。2024年10月からは、この所得制限を廃止することになった。また、中学生までとなっている支給対象年齢を18歳まで段階的に引き上げる。更に、第三子以降の児童手当を3万円に増額させる。そのほか、男性育休の取得率向上策や高等教育の奨学金拡充等からなる「加速化プラン」を提示し、今後3年間で集中的に取り組むという。そのためには、3兆6000億円余りの新たな支出が見込まれている。

社会保障の財源をどうするか？

ここで財源が問題となる。社会保障の財源は、大きく消費税と社会保険料から構成される。（医療・介護には自己負担もある）。約131兆円（2022年度予算ベース）ある社会保障給付費のうち、保険料が74兆円程度で、52兆円は「公費」と称されるが要するに消費税などの税金で賄ってきた。なお社会保険とは、年金保険、医療保険、介護保険、雇用保険、労災保険の総称で、その実施主体は、国・都道府県・市町村となっている。

消費税は社会保険料とともに子育て支援を含む社会保障の基幹財源と位置付けられる。その税収は、年金、医療及び介護、子ども・子育て支援の社会保障4経費に充てるものとされる（消費税法第1条第2項）。しかし、消費税は政治家、そして国民の間ですこぶる評判が悪い。日々の買い物で体感する身近な税でもあるため、国民から嫌われるのだろう。また、2014年の消費税増税では、経済に対して予想を超えるマイナス効果があったことも影響しているのかもしれない。

この消費税は第五章でも詳しく解説する通り、グローバル化の進む経済において中長期の成長と親和性が高い。しかし、岸田首相は既に「少子化対策の財源確保のための消費税を含めた新たな税負担は考えない」方針を示している。そこで、企業を含め社会・経済の参加者全員が連帯し、負担していく新たな枠組みとして、社会保険料のうち医療保険料に上乗せを

1-1　社会保障の給付と負担（2022年度予算ベース）

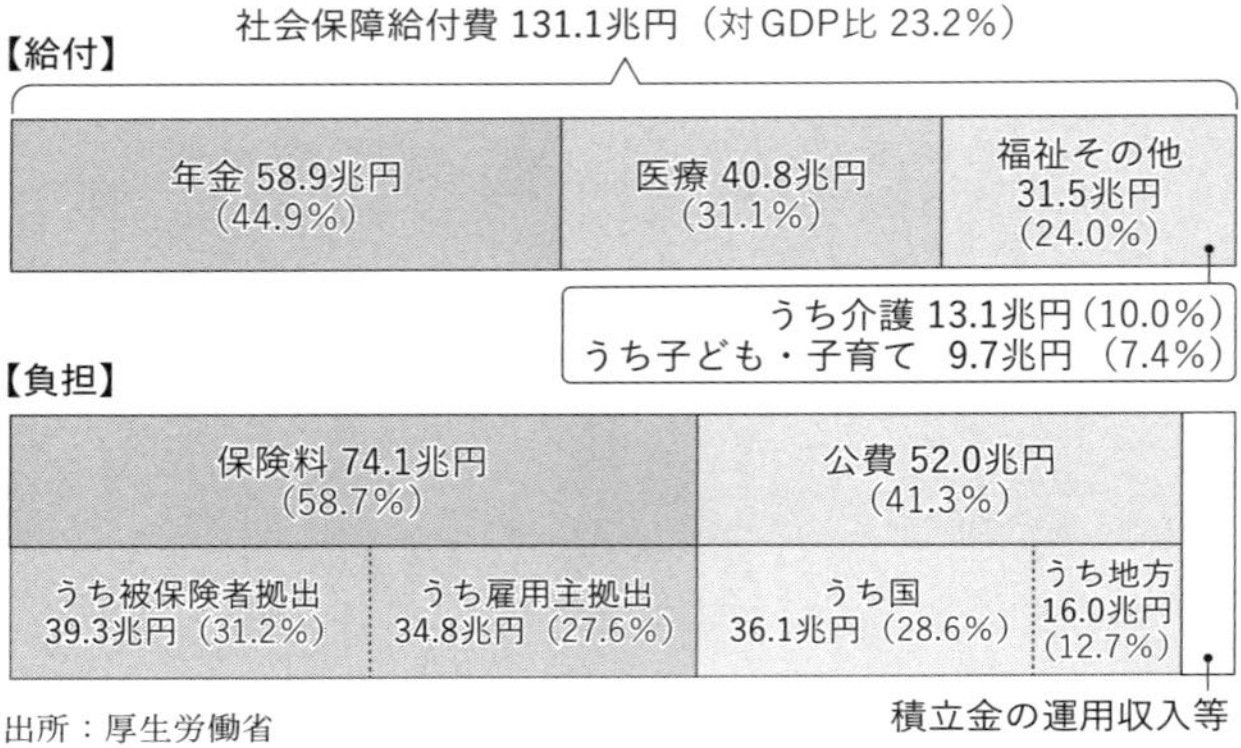

出所：厚生労働省

する支援金制度を創設するという。（保険料が賦課される）賃金が増えれば、保険料率を引き上げなくても、そこから支援金が捻出できるという公算だ。

　社会保険料の特徴について、「見返りとして給付を受けられることから、権利性が強く、給付と負担の関係が税と比較して明確」（社会保障制度改革国民会議報告書）という。あるいは「世代間の助け合い」に資するとされる。しかし、その実態は大きく異なる。例えば健康保険組合の保険料収入のうち４割余りが高齢者医療への拠出金に充てられている。

　また保険料の負担は総じて勤労世代に偏っており、勤労者の保険料負担は今や30%を超えてきた。更に社会保険料はいわゆる「１３０万円の壁」（あるいは１０６万円の壁）としてパート、特に女性の就労の阻害要因になっている（「新しい働き方」に対応できない社会保険料の課題については第六章で改めて取り上げることにしたい）。

これらの背景もあり、政府から社会保険料への上乗せ案が出た際、賃上げに水を差すものだと、労働者・雇用主ともに反発した。経団連などは、むしろ「消費税も含めた様々な税財源の組み合わせによる新たな負担も選択肢とすべきだ」と主張する。

国民や経済界の反発から、政府は社会保険料であれ消費税であれ、負担増の実施には慎重だ。そこで、社会保障を含む現行の歳出改革を優先させる。とはいえ歳出改革はすぐにできないため、岸田首相は「速やかに少子化対策を実施することとし、その間の財源不足は必要に応じてこども特例公債を発行する」と見解を示していた。結局、国債頼みが続いている。

このように消費税も社会保険料についても国民の反応は芳しくない。ではどうするか？財源はその負担の「是非」ではなく、消費税か社会保険料かという「選択」の問題に過ぎない。「今の経済状況をみると、個人の当面の負担を増やすわけにはいかない」としても、将来の経済状況が今より良好とは限らない。新たな感染症や大規模災害などの非常事態は将来も発生しうる。赤字国債という形でコロナ禍や安全保障等、現在のリスクを将来世代に転嫁する一方、我々は将来に生じるリスクをあらかじめ分担しているわけではない。将来世代が自身のリスクに対処できるだけの財政余力を残しておく必要がある。さもなければ、将来に危機が生じたとき、将来世代が財政的に窮しかねない。そうであれば、少子化対策のような継続的な支出は消費税であれ、保険料であれ、経常的（安定的）な財源で賄うよりほかない。

2　度重なる緊急対応で締められない財布の紐

財政出動を繰り返す日本

コロナ禍は始まりから4年が経過し、ほぼ終息したと言ってよいだろう。一方で、財政への歳出拡大圧力が続いている。ロシアのウクライナへの侵攻以降、海外に多く依存する石油などの資源価格が高騰し、更に円安も相まって、国内の物価は長年続いたデフレからインフレ基調に転じてきた。

例えば、2023年1月時点の家庭で消費するモノやサービスの値動きにあたる全国消費者物価指数は、天候による変動が大きい生鮮食品を除いて前年同月比4・2％増と「1981年9月以来、41年4カ月ぶり」となる高水準を記録した。

加えて2021年から22年にかけてはガソリン価格が値上がりを続け、レギュラーガソリンで全国平均が1リットルあたり170円に迫った。そこで2022年1月から政府はガソリンなどの燃料価格の高騰を抑えるべく、「燃料油価格激変緩和対策」として石油元売り会社に対する補助金の支給を始めた。対象はガソリンや軽油、灯油、重油などの価格である。

このうちガソリン価格については、当初1リットル170円以上のとき5円を補助の上限としていた。しかし、ロシアのウクライナ侵攻もあって価格上昇に歯止めが掛からなくなると、補助金の上限が2022年3月に25円、同年4月に35円へと随時引き上げられていく。更にあくまで時限的だった補助金は延長を繰り返してきた。政府は2023年9月末までとした期限を更に延長し、同年10月以降も継続することとなった。

また、政府は2023年1月には約3兆円を投じて電気・ガス料金の負担軽減にも乗り出している。その財源には2022年度の国の一般会計にある「予備費」を充てている。こうした支援や補助金は緊急措置としてはやむを得ないだろう。しかし、節度なくその対象を拡大したり、期限を延長したりすることは、支出が高止まりして我が国の財政状況を悪化させかねない。実際、2023年11月時点で6兆円余りが投じられている。

国際通貨基金（IMF）は、日本に対して、「財政負担を抑え、脆弱層《ぜいじゃくそう》を守り、省エネを促すために、エネルギー関連の補助金は、より的を絞った政策にすることが出来ただろう」とした上で、「政府支出の圧力が高まり続ける中、いかなる追加的支出策も的を絞り、また、歳入を増やす手段を伴うべき」と警鐘を鳴らしている。

こうした政府の物価高対策は、本書が取り上げる日本の財政の課題を明らかにしている。それが「一度緩めた財布の紐が締められない」ことだ。

また、他の政策との整合性も問われよう。政府は2050年までに温室効果ガスの排出を全体としてゼロにする、カーボンニュートラルを目指すことを宣言している。そうであれば、エネルギー価格の高騰を契機に電気自動車（EV）への転換、太陽光のほか、風力・地熱、バイオマスなど再生エネルギーを使った発電施設への投資を強化するのが望ましい。政府は経済・社会のGX（グリーン・トランスフォーメーション）を進めているが、もう一方でガソリン補助金も用意するようでは、アクセルとブレーキが同時に踏まれているようなものだ。そのような矛盾が起きる背景には、現状からの変化そのものを忌避して「現状回帰」を志向する風潮があるのかもしれない。

本来、燃料油価格高騰の激変緩和対策などは、政府は期限を明確に定めてコミットし、財布の紐を締めなければならない。そして期限後は、省エネの普及促進にハンドルを切るべきだろう。一時的な緩和策が長期化すると、経済・社会そのものの変化を阻害してしまう。

補助金の「使い方」

これらの財政全体（マクロ）の課題に加えて、個別（ミクロ）にも言及すべきことがある。

それが補助金の「使い方」だ。

ガソリン補助金は石油元売り会社に支払われていた。補助金が会社のコストを下げ、それによって販売価格が抑えられる、という理屈だが、実際に消費者に還元される金額やタイミングは必ずしも定かではない。補助金の出し方としては、例えば自動車が生活の足になっている地方圏の住民や、自動車を保有する低所得層に対しては、対象者を絞って直接、補助金を給付する方法もあり得ただろう。または、ガソリン購入のクーポン券を配布してもよい。自動車の保有には自動車税・軽自動車税といった地方税、あるいは自動車重量税という国税が課せられている。一時的にこれらの税を減免して家計の負担を軽くするという選択肢もある。つまり、石油元売り会社などの機関でなく、人に対して補助を用意することもできるはずなのだ。

いずれにせよ、我が国の危機はコロナ禍やエネルギー価格の高騰（物価高）だけではない。後述する通り我が国を取り巻く地政学的リスクが高まっている。政府は防衛力の強化と合わせて、「安全保障の確保に関する経済施策として所要の制度を創設する」べく「経済安全保障推進法」を2022年5月に成立させた。その一環として、2023年度補正予算において半導体の生産や開発に係る基金に約2兆円を措置している。台湾積体電路製造（TSMC）

や最先端半導体の量産を目指すラピダスの工場整備などの支援に充てる。また、令和6年度税制改正において半導体や電気自動車（EV）など重要物資を生産する企業の法人税を優遇する方針を固めた。具体的には投資計画が認定された企業を対象に10年間、生産・販売量に比例した減税措置を設ける。このように財政拡大への圧力は一層増している。

締められない財布の紐

ガソリン補助金に限らず一度緩めた財布の紐は、つまり緩めた財政支出は、なかなか締められない。

会計検査院によれば、2019年度から21年度までのコロナ関連の予算総額は約94兆5000億円に上る（前年度からの繰り越しなどの重複分を除く）。これに応じて、国の歳出はコロナ禍前の100兆円台前半から140兆円台に急増した。その中にはコロナ患者の治療に当たる医療機関への支援のほか、「持続化給付金」や低所得世帯を対象にした給付金など感染拡大の影響を被った雇用主や家計への補助金などが含まれる。

無論、コロナ禍という未曽有の事態に際して万全を期することは当然としても、危機が終息するにあたって、財政を平時に回帰させることは問われなければならない。

例えば「雇用調整助成金」がある。これは、企業が不況時に事業の縮小や休業を強いられ、しかし従業員を解雇するのではなく休業手当を払って雇用を守るのを支援する助成金だが、コロナ禍でも、この雇用調整助成金が上乗せや支給要件の緩和など特例措置が盛り込まれて多用された。特例措置は長く続き、終了したのは2023年3月末になる。その間の支給総額は6兆円を超えた。

雇用調整助成金の原資は、平時には雇用保険制度という国の特別会計となる。そして、中小企業の上乗せ分など特例措置の一部は国の一般会計から支払われる。このコロナ禍で助成金などで大きく使われたため、本来は失業給付の支払いに備えた積立金が落ち込むなど、雇用保険制度の財政状況が著しく悪化した。そこで2022年度第二次補正予算では、この雇用保険財政の安定を図るべく7000億円を国の一般会計から積立金に繰り入れることになった。特例措置の補助分に加え国の一般会計歳出の拡大要因になっている。

雇用調整助成金などがコロナ禍の雇用を守ったことは評価できる。一方で、特例措置が約3年も長引いた結果、生産性の高い分野への「労働力の円滑な移動を阻んだ」という批判も少なくない。本来、政策は経済の状況に応じて適宜変えていくべきものだが、政策転換、つまり修正、変更が利いていない。

何故こうなるのか？　我が国では平時から財政規律を欠いてきたことによるだろう。財政規律とは、緊縮財政ではなく、財政へのコントロールを意味する。つまり、非常時には財政の総額（規模）を機動的に高める一方、平時には元の水準に戻せることだ。我が国の財政は、このコントロールができていない。

膨張する補正予算

コロナ禍を契機に膨張を続けるのが国の補正予算だ。２０２０年度には三次にわたって補正予算が組まれ、総額は76兆円超となった。その中には国民への一律10万円の「特別定額給付金」支給、雇用主への持続化給付金、ＧｏＴｏトラベル事業などが含まれる。21年度、22年度の補正予算の総額も30兆円を超える。

本来、補正予算は財政法上「（当初）予算作成後に生じた事由に基づき特に緊要となった経費」、例えば、大きな災害など当初予算を編成した段階では予見できない状況が生じた場合に認められてきた。状況の変化に応じて補正を組むのは財政の機動性を高める上でも必要といえる。しかし近年、防災・減災、国土強靱化《きょうじんか》など、あらかじめ計画できるような支出まで補正予算で措置されるようになってきた。その過程を見ると、予算査定の厳しい当初予算を避け、短期間での編成になることが多く、査定も当初予算に比べて甘くなりがちな補正予算で対応する「補正回し」が少なくないようだ。例えば、23年度の補正予算では防災・減災対策として、国土強靱化計画の関連事業に１・５兆円が計上されたが、５年間で15兆円を投じてダムや堤防などを集中的に整備する計画は既に閣議決定されており、「緊要性」があるわけではない。

また、補正予算は「規模ありき」になりがちだ。22年度の第二次補正予算などでは初めから「30兆円を発射台」とするなど、予算の内訳よりも規模は優先されていた。財政規律のタガが外れてしまっているようにも思われる。2023年度の補正予算の金額も前年度よりも少ないとはいえ、13兆1000億円余りに上る。

このように補正予算が増加するのは、当初予算には規律を働かせたい財務省と、ともかく財政支出を拡大させたい政治の「落とし所」ともいえそうだ。

例えば当初予算だけを比較すれば、2022年度の一般会計歳出は、社会保障関係費を対前年度比4400億円増と「実質的な伸びを高齢化による増加分におさめる」として、前年度比0・9％増に留まっていた。財務省からすれば当初予算を「きれい」に見せられている。一方で、大型の補正予算が常態化するなら、各省庁はあらかじめ補正予算を当てにして当初予算の要求は抑え気味にする行動を取るだろう。これでは当初予算だけ財政規律を重視しても意味がない。

ＩＭＦも、2023年3月の「対日4条協議最終レポート」で、歳出への上限規制（シーリング）は、「補正予算の採択という確立された慣行を踏まえれば、実際に政府支出を制限するものとはなってはいない」と指摘する。

巨額の予備費も常態化してきた

２０２３年度の国の当初予算では、物価高対策などとして５兆円余りの予備費が計上されている。予備費は、予算を決めた時点では予測困難な状況に対して臨機応変に対応することにある。具体的な使途は内閣が決めて、その後、国会で了解を得るものだ。

例えば、地震や洪水といった自然災害が起きた場合、当初予算では必要な措置が十分に講じられないかもしれない。改めて補正予算を組むにも国会での審議を含めて時間が掛かるだろう。このとき予備費があれば、迅速に被災者や被災自治体を支援できる。

国の予算の源泉は国民の税金だ。よって、予算の使い道は国会で審議するのが原則だ。これを「財政民主主義」という。予備費はあくまでその例外なのである。多額の予備費が常態化することは、財政民主主義の観点から問題があるといえそうだ。

実際、予備費は政府によって「都合の良い財布」になってきた感がある。２０２２年度の当初予算において新型コロナ対策として５兆円余りの予備費が計上された。その後、政府はこの予備費の対象を物価高対策に拡大している。前述のガソリン補助金なども、ここから充てられた。非常時の機動的な決定として肯定する見方もあろうが、国会や国民のチェックが甘くなっては無駄遣いを助長しかねない。補正予算であれ、予備費であれ、「事前」のチェックが不十分ならば、予算の効果を検証した上で「事後」的な説明責任を徹底することが肝要だろう。

規模ありきの財政は、年度内に使い切ることができず、翌年度に繰り越したり、結局、必要なくなったりしている。会計検査院によれば２０２１年度までのコロナ対策の予算総額は約94兆５０００億円だったが、うち13兆円余りが22年度に繰り越されている。使う見込みがなくなった「不用額」は全体の約５％の約４兆７０００億円に上った。

支出されないなら、財政を悪化させないから問題ないという見方もありそうだ。もっとも、不用額は使途を色々とやり繰りした結果に過ぎない。支出された中には、本来はムダなものもあったことは否めないだろう。使うことが自己目的化するなら、財政の財布の紐が締まらないままになる。また、与党・自民党内では、次節で触れる防衛費増額の財源に余った２０２２年度の予備費３兆８０００億円を活用すべきとの案も浮上したという（日本経済新聞２０２３年４月７日）。一見すると、余った予備費ならほかに使っても構わないように思えるかもしれない。しかし、その予備費を裏付けているのが赤字国債である限り、財政の悪化には歯止めが掛からなくなってしまう。

有事の転位効果

補正予算や予備費を含めて危機を契機に財政が拡大することは歴史的にも度々見られてきたことだ。

例えば、英国は第二次世界大戦の後、いわゆる「ゆりかごから墓場まで」医療を含む国民に手厚い福祉サービスを提供する福祉国家となっていくが、その財源は戦時中に拡大した財政支出であった。経済学者のA・T・ピーコックとJ・ワイズマンは、大規模戦争などの危機を境に財政支出が増え、平和が戻った後も高い支出水準が続くことを「転位効果」と名付けている。ちなみに、英国でこれが持続可能になったのは、戦争を契機に所得税などの課税が強化されたことにもよる。

この転位効果は、現代の日本でも当てはまるかもしれない。2008年に、米国の金融危機が世界に波及したリーマンショックは、我が国でも「100年に一度の経済危機」と称された。ここから脱するべく、国は15兆円規模の「経済危機対策」(2009年4月)を含め、大型の経済政策を立て続けに講じた。国の一般会計歳出はそれまで80兆円台だったが、ここで100兆円まで一気に増加した。

財政には経済を安定化させる役割がある。しかし、危機が収束した2010年代になっても、国の歳出は95・3兆円で高止まりした。確かに2010年代の歳出の「伸び」は前年度比で5000億円程度と、高齢化による社会保障費の自然増を反映した額に抑えられてきた。これをもってこの時期の日本が「緊縮財政」だったとする論者もあるが、本来は、リーマンショック以前の財政規模に戻すことが必要だったことに留意が必要だ。また、これが民主党政権下の「こども手当」や、アベノミクスの第二の矢である「機動的な財政政策」の原資になっていった。ただし戦後の英国とは違い、このときの日本は課税強化で得られたものではなく、赤字国債が原資だったことは覚えておかなければならない。

コロナ禍が終息し、いずれ財布の紐が締まると期待する考えもあるかもしれない。しかし転位効果にある通り、拡大した財政支出は常態化するかもしれない。

財政政策のデフレマインド

財政出動を正当化してきたのがデフレによる経済の低迷だ。我が国の経済は長らくデフレが続いたこともあり、家計・企業にデフレマインドが定着しているという。もっとも、デフレマインドが続いているのは政府の方ではないだろうか。2023年11月の経済対策では補正予算と合わせて3兆円規模の所得税と住民税の定額減税が行われた。具体的には扶養家族を含め一人当たり所得税3万円と住民税1万円の計4万円を減税する。実施はボーナスの支

1-2　国の歳出の推移

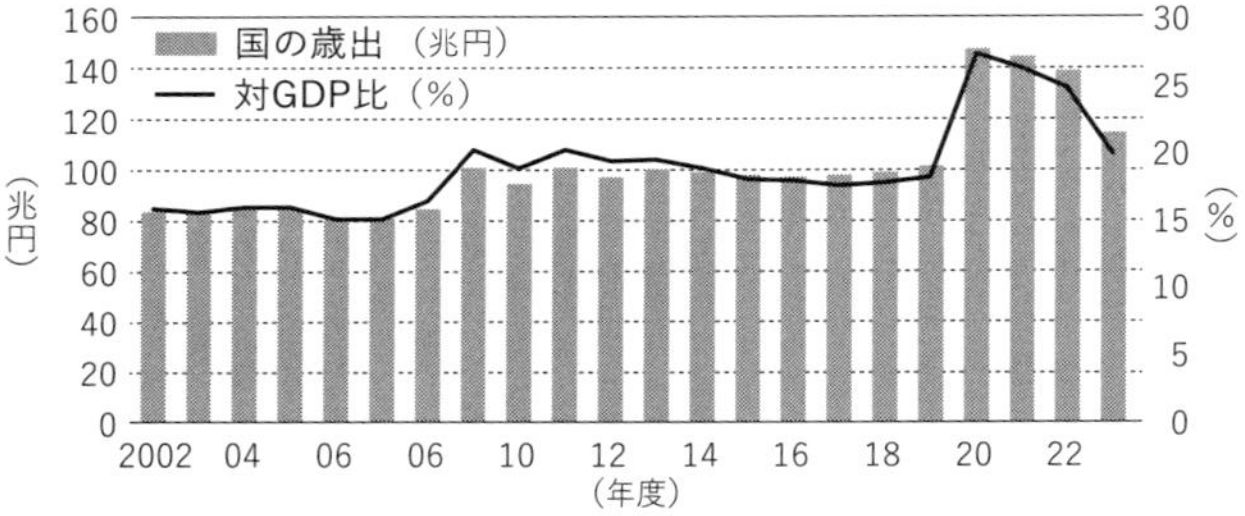

出所：内閣府「中長期の経済財政に関する試算」

給に合わせて翌年6月とされた。賃上げとの相乗効果を期待してのことだという。岸田総理は「確実に可処分所得を伸ばし、消費拡大に繋げ、好循環を実現する」ことを強調した。このように政府は「デフレ完全脱却」を謳《うた》ってきたが、足元の経済は既にデフレが解消しつつある。日本銀行によれば、日本経済の「需給ギャップ」（需要と供給力の差）が2023年4～6月期にマイナス0・07％だった。内閣府の推計では同時期プラスに転じている。関連してインフレ率（消費者物価指数）も2％を超えてきた。日本銀行は10月31日公表の「経済・物価情勢の展望」において消費者物価指数（生鮮食品を除く=コアCPI）の前年度比上昇率の見通しを2023年度、24年度ともに2・8％とした。このように需要不足は解消しつつあり、むしろインフレ基調に転じつつある。大型の財政出動が既得権益化した分野（国土強靱化や中小企業支援など）があることも財政政策の転換を難しくしているのかもしれない。第三章でも言及する通り、インフレ基調や金利の復活など「潮目」が変わったにもかかわらず、規模ありき、支援（補助金）ありきなど財政政策のスタンスはあまり変わっていないように思われる。財政政策にこそ脱デフレが求められているのではないだろうか。

3　防衛費をどうするか

安全保障の危機

コロナ後の新たな危機が安全保障だ。2022年2月に始まったロシアのウクライナへの全面侵攻や、2023年10月から多数の死傷者を出しているパレスチナ情勢など、今、国際情勢の緊迫度が増している。そして、日本を取り巻く東アジアの安全保障環境も戦後最も厳しい中にある。北朝鮮はミサイル発射を続け、そして中国が軍事力を大きく強化し、台湾有事が目下の懸念となっている。そこで日本政府は、新たな「防衛三文書」（国家安全保障戦略、国家防衛戦略、防衛力整備計画）を定めた。防衛三文書では、これまでの「敵基地への攻撃手段を保持しない」としてきた政府方針を転換し、相手国のミサイル発射拠点等を叩く必要最小限の自衛措置として、「反撃能力」の保有を打ち出し、相手の射程圏外から攻撃できるスタンド・オフ防衛能力を高めるという。

経済学では、国民全体が受益する一方、市場経済の中で自主的に提供することが困難な財貨を「公共財」という。国家の防衛は典型的な公共財であり、その確保は国の責務となる。ただし、そのためにはやはり財源が必要だ。

防衛費は2023〜27年度の今後5年間で、合計43兆円に増額する。そして、巡航ミサイル「トマホーク」を含む防衛装備品、及びその部品・弾薬などを調達し、戦闘継続能力を強化する。その一環として、2023年度当初予算の防衛費は約6兆8000億円と、前年度に比べて約1兆4000億円の増加となった。そして27年度までには、国内総生産（GDP）比の防衛費を、現行の1%台から2%（11兆円規模）に引き上げる。そのため、27年度以降、1年あたり約3兆6000億円の財源が新たに必要とされる。

政府はこの増額分を裏付けるため、2023年2月3日に防衛財源確保法を閣議決定した。その中に、税金以外の収入を積み立てて複数年度かけて使う防衛力強化資金が創設されている。2023年度の同資金への積立は、前述の防衛費とは別に3兆3806億円余りに上る。財源としては、外国為替資金特別会計からの繰り入れ、医療機関への支援等コロナ対策の不用分、商業施設「大手町プレイス」の売却収入等が充てられている。

政府は追加歳出の3兆6000億円のうち、約4分の3は防衛力強化資金のほか、歳出改革や剰余金（予算の使い残し）等税外収入で賄い、残りの1兆円は、法人税、所得税、たばこ税を増税し、「財源は今を生きる世代全体で分かち合っていく」とした。

政府・与党が取りまとめた「令和5年度税制改正大綱」によれば、法人税には税率4～4・5％の「付加税」を課して、7000～8000億円を確保する方針だ。所得税については東日本大震災（2011年）の復興財源である「復興特別所得税」を回す。同税は2013年からの25年間、所得税額に2・1％を上乗せして徴収されている。この復興特別所得税の税率を1・1％に引き下げ、その分を新たな付加税として課す一方、復興財源の確保のため、課税期間を14年間延長する。こうした所得税及びたばこ税の増税からは、各々2000億円程度の財源を賄うという。

財政学では理論上、景気後退や自然災害等からの回復に必要な支出増、具体的には景気を底支えするための公共事業や被災者支援、災害で既存したインフラ施設の復旧などは、「一時的」な支出として、その財源は当面、国の借金である国債で調達する。元利は、景気が回復し、災害から復興した後に償還すればよいと考える。しかし、防衛費に限らず、前述した少子化対策など、一定の継続性のある支出増については借金ではなく、課税など恒常的な財源が望まれる。

しかし、政府は「必要となる防衛力の内容の検討、予算規模の把握、財源の確保を一体的かつ強力に進めていく」とするが、歳出改革から捻出される金額や、実際の余剰金がどれくらい生じるかも定かではなく、捕らぬ狸の皮算用の感は否めない。

一方で、防衛費増に伴う増税に反対する政治家も多い。建設国債が将来世代も受益する社会インフラ整備に充てられるのと同じく、防衛費も「次の世代に祖国を残す予算」として、ここで充てられる国債も恒常的な財源にすべきという主張だ。また、強化する防衛力の中身より「先に財源論が出たので戸惑ったのが実態だ。順を追って説明し、多くの国民が納得した上で負担してもらうのが大事なプロセスではないか」（高市早苗・経済安全保障担当相（当時）2022年12月12日）など「順序が逆」との批判もある。

もっとも、2022年度第2次補正予算の編成などでは「30兆円が発射台」との主張が与党政治家からあったが、このとき予算の中身より規模が先行することに「順序が逆」との批判は皆無だった。この違いは、財源の内訳にある。コロナ禍以降の補正予算は概ね赤字国債を財源としていたが、防衛費や少子化対策の財源には、増税が含まれている。結局、財源に「痛み」を伴って初めて、予算の中身に関心が払われることが窺《うかが》える。

政治家としては、国民に負担感のない借金で予算を賄う方が都合良い。それもあってか、結局、法人税・所得税等の防衛増税に関しては「2025年以降とすることも可能となるよう、柔軟に判断する」（基本方針2023）として、決定は先送りされた。防衛増税に賛成する政治家からすれば増税の「方針」を打ち出せたことになり、反対派からすれば増税時期を明記せず、「凍結」できた格好になる。どちらも自身に都合よく解釈可能な「玉虫色の解決」だったともいえそうだ。

こうした財源問題に関わってくるのが、最近の堅調な税収の伸びだ。2022年度の国の税収が71兆円強となった。税収が70兆円台に乗るのは初めてで、3年連続で過去最高を更新した。企業の業績回復のほか、物価高の影響もあり、消費税、所得税、法人税がいずれも増収となっている。剰余金（予算の使い残し）は2兆6000億円余りに達する。

皮肉なことにこの巨額の剰余金が、安定財源の確保、つまり増税の決断を危うくしかねない。財政法では、剰余金の半分は国債の償還原資にしなければならないが、残り1兆3000億円は防衛費に回すことができる。政府は剰余金を使った防衛財源を年間7000億円程と見込んでいたが、その2倍ほどが充てられる計算だ。

このような状況から、増税の時期は先送りすべきという政治的な圧力が高まってくる。もっとも、剰余金は安定的ではない。一旦、景気が下振れすれば、税収が落ち込むだろう。大きな自然災害が起きれば、その復旧・復興のために剰余金を使わなければならなくなるかもしれない。増税を先送りして、今日、その剰余金を使い切ることは将来にそれを活用する可能性を失うことにほかならない。そうであれば、剰余金は「防衛力強化資金」等に貯めて将来に備える方が賢明ではないか。足元＝現在だけではなく、将来を見据えることが防衛財源に限らず、我が国の財政を考えていく上で肝要だ。

我が国を巡る安全保障は当面厳しい状況が続くことが見込まれる。防衛費の増加は一時的ではなく2027年度以降も対GDP比で2%と現在からほぼ倍増の水準が当面続くだろう。財源確保に加え、ここでも優先順位を付けた予算配分の見直しが不可欠だ。防衛費の増額分の中には敵国からのミサイル攻撃等に対して国民を守る避難施設（シェルター）の建設や公共施設の強靱化が含まれる。果たして、防衛費と、防災事業としてインフラ整備を進めてきた「国土強靱化」と、どちらを優先すべきだろうか。

いずれにせよ、今回の防衛費増は現在の我が国が中国など周辺諸国に比べてカネ（＝防衛費）、モノ（＝防衛装備品）、ヒト（＝動員数）が、日米同盟があるとはいえ、著しく劣ってきたことが背景にある。相手に攻撃を断念させるよう「抑止力」を高めるには、自らの防衛力を強化しなければならないとされる。近年、防衛の分野では戦闘継続能力が重視されているが、これと同じく、持続可能な財政が必要だろう。対GDP2%の防衛費を支えるだけの国力（経済の成長力）と安定的な財源が求められる。

第二章　財政政策の可能性と幻想

1　アベノミクスの狙いと成果

「三本の矢」の意味

本章では、財政の健全化が進まない理由について考えてみたい。

序章で述べたように、デフレ経済からの脱却は財政の重要な役割とされてきた。第二次安倍政権が2012年末から打ち出した「アベノミクス」もその一つである。

ではアベノミクスとは何だったのか？　アベノミクスへの「解釈」は識者の間で必ずしも同じではない。ある識者はバブル崩壊以降、日本経済が長らく陥った物価の低迷、デフレからの脱却にその意義を重んじる。一方、別の識者は「環太平洋パートナーシップ（TPP）協定」や「働き方改革」、「規制改革」を含む経済の構造改革を強調している。それぞれの経済の専門分野から、認識を異にしている面もある。よって、本書のアベノミクスへの理解は、財政学者の視点からであることはあらかじめ断っておきたい。

よく知られている通り、アベノミクスは、大胆な金融政策（第一の矢）、機動的な財政政策（第二の矢）、民間投資を喚起する成長戦略＝構造改革（第三の矢）から構成されていた。これらの矢で名目成長率で3％（金額ベース）、物価上昇分を除いた実質成長率で2％の実現を目標とするとした。

このうち、第一と第二の矢は、金融政策と財政政策のポリシーミックスになろう。それに向けて、2013年1月、政府と日本銀行は「デフレ脱却と持続的な経済成長の実現のための政府・日本銀行の政策連携について」と題した共同声明を出している。その中では「デフレからの早期脱却と物価安定の下での持続的な経済成長の実現に向け」、日本銀行は、「物価安定の目標を消費者物価の前年比上昇率で2％」に定めた上で、「これをできるだけ早期に実現する」よう金融緩和を進めるものとした。

実際、アベノミクスの第一と第二の矢は、黒田日銀総裁が2013年に就任した当初、2年間で資金供給量を2倍にして2％の物価上昇を実現すると述べた「黒田バズーカ」の印象が強い。財政政策も「15カ月予算」と称して10兆円規模の補正予算と2013年度予算を一体化した「切れ目ない」財政出動を行うなど積極財政の路線を取っていた。しかし、共同声

2-1　アベノミクスの思想

	経済学的思想	現状認識・狙い
第一の矢＝大胆な金融政策	マネタリスト	デフレは金融的現象？
第二の矢＝機動的な財政政策	ケインジアン	総需要管理政策 →公共支出の拡大による景気の浮揚
第三の矢＝構造改革	新古典派・サプライサイド	規制緩和等による生産性拡大

明は金融緩和を一方的に要請するものではなかった。政府は放漫財政にならないよう、「財政運営に対する信認を確保する観点から、持続可能な財政構造を確立するための取組を着実に推進する」と釘が刺されてもいたのである。

アベノミクスの思想

アベノミクスを紐解くと、そこには異なる経済思想があった。順序は逆になるが、例えば、第二の矢＝機動的な財政政策は、ケインズ経済学の処方箋である。大型の財政支出はマクロの需要を喚起して、雇用の増加や景気の底上げに寄与する、というものだ。

そのロジックは至ってシンプルだ。公共事業などの財政支出が新たな雇用を生み出して、（非自発的に）失業していた労働者の受け皿になる。すると労働者に賃金が支払われ、彼等の所得が増えれば、応じて消費も増加する。この消費増＝派生的なマクロ需要の増加は誰かの収入になる。この誰かも収入増を消費に充てるだろう。結果、所得増→消費増→更なる所得増、という好循環をもたらすことになる。この好循環はマクロ経済学でいうところの「乗数効果」にあたる。

一方、第一の矢=大胆な金融政策は、マネタリストの考え方に近い。貨幣の供給量（マネタリー・ベース）の増加が物価を引き上げ、デフレ脱却に繋がるという考えだ。実際、黒田日銀総裁は貨幣供給量を2倍にすることで2%の物価上昇を達成するとしていた。

物価水準は理論上、貨幣とモノ（生産物）との間のバランスで決まる。モノに比べて貨幣の量が増えれば、モノに対する貨幣の価値は下落する。これがインフレ（物価上昇）だ。逆にモノに対して貨幣が不足すると貨幣の価値が上がり、デフレになる。従って「デフレは貨幣的な現象」ということになる。デフレで貨幣が不足した状態だというならば、貨幣量を増せばよい。その手段が国債の購入である。そして日本銀行は、年間80兆円のペースで国債等の購入を積極的に行うことを目標に掲げたのである。

もし、国債購入=貨幣量の増加が今後も続くとなれば、将来の物価上昇が予想される。これが「インフレ期待」だ。将来的にインフレになるなら、家計はモノの値段の安い現在のうちに消費をしようとするだろう。企業からみれば、インフレは売上増であり、今の金利が低いうちに借入をして投資をすれば十分な収益が見込める。このようにインフレへの期待は現在の経済を活性化させる。

もっとも、その後の金融政策は、民間銀行の日本銀行への預金にあたる、日銀預け金を対象にした「マイナス金利」を導入したり、長期金利及び短期金利を一定の水準に誘導する「イールドカーブ・コントロール」を用いるようになった。そのため、金融政策の手法は貨幣量を重視するマネタリスト的なものに留まらない。

第三の矢＝構造改革については、見解が分かれるところだ。論者によっては需要ではなく生産（サプライ）サイドに着目しており、これは概ね新古典派経済学に即する。例えば、労働市場の改革で女性や高齢者の就労を促進する施策は、労働供給の確保を図るものだ。研究開発投資にしても短期の需要の喚起というよりも、中長期の生産性の向上を志向する。つまり、マクロ需要の管理を重んじるケインズ学派とは認識を異とする。もっとも、次に述べる通り、あくまで需要サイドから成長に繋げるという考えもある。

相異なる経済観

経済観について最後の相違点は、経済への認識、「景気」と「成長」の区別だ。景気は短期的、成長は中長期的な経済のパフォーマンスを指す。ヒトの体に喩えると景気が体調で成長が体力にあたる。つまり、体調管理のための政策＝景気対策と、体力増進のための政策＝成長戦略は自ずと異なる。

体調不良＝不景気にはカンフル剤＝景気対策が効くかもしれない。大胆な金融政策＝第一の矢と、機動的な財政政策＝第二の矢は、デフレ＝不景気からの脱却を狙いとした景気対策だった。民間需要の不足を補うのであれば、財政を「規模ありき」で拡大させてもよい。極端な話、穴を掘って埋めるだけの一見無駄な公共事業であっても、事業を行うことで誰かが雇用され、賃金等が支払われる。賃金を受け取った労働者はそれを消費支出に回すだろう。その消費支出はまたほかの誰かの所得になる。こういった財政支出の「好循環」が働くなら、景気を喚起するという目的には適ったことになる。

他方、体力の低下＝低成長には、生活習慣＝経済の仕組み自体の見直しが求められよう。実際、成長を目指す第三の矢は、構造改革を求める。「穴を掘って埋める」だけでは駄目で、財政支出が生産性の向上に繋がらなければ成長は続かない。

景気と成長が別物ならば、短期的には景気対策で経済活動を上向かせ、その余勢を駆って構造改革を推し進め成長を持続させるという「ギアチェンジ」があってよい。しかし、前章でも述べた通り、我が国の財政運営はこの修正、変更を苦手としてきた。

もっとも金融緩和と積極的財政出動を支持する、いわゆる「上げ潮派」などは、需要を刺激する景気対策を続けていれば、消費や投資が持続的に拡大することで中長期の経済成長にも適うとする。

上げ潮派の観点からすれば、経済は「よい均衡」と「悪い均衡」からなる。よい均衡では成長率が高く、企業や家計は将来に対して楽観的な見通しを持つ。楽観的だから投資や消費も高水準で高い成長を支える原動力になる。高成長が続けば楽観的な期待も持続する。他方、悪い均衡では人々の見通しは暗い。そのため投資も消費も伸びず、経済が需要不足に陥る。デフレは誤った金融・財政政策で、経済が悪い均衡に陥った結果である。このとき大胆な財政出動がカンフル剤となって彼等の期待を変える。「病は気から」とも言われるように、気＝期待が高まれば、病＝低成長も自ずと治る。つまり、経済は長期的な高成長軌道（名目で3％の成長）に乗ることができる。更に経済が成長軌道に乗れば、所得税や法人税を含む税収が増加する。増税や歳出カットなど「痛み」を伴うような財政再建をしなくても財政赤字も解消されるというわけだ。先ほどのヒトの体の喩えでいえば、実力があるのに体調を崩していただけならば、養生していれば自ずと元の力が取り戻せることになる。しかし、本当にそうなっただろうか。

余談になるが、日本人は昔から短期決戦を挑みやすい。アジア・太平洋戦争の折も、日米の国力差が明らかなのにもかかわらず、1941年12月8日、真珠湾を奇襲し、「向こう1年間は暴れまくる」ことで短期のうちに優位な条件での戦争終結を目指していた。しかし、長期戦になって持久力（継戦力）に欠くことになった。

異次元の金融緩和も、元々は「2年間で2％を実現」という目標だったから、短期決戦に入るだろう。機動的な財政政策も同様だ。しかし、筆者を含め構造改革を強調する論者は、上げ潮派の複数均衡には懐疑的だ。むしろ、日本経済の長期の低迷はそれが実力だったとみる。デフレを悪化させない景気対策はあってしかるべきだが、第四章で強調するように経済成長には企業などの国際競争力やイノベーション創出力の向上など長期戦の構えで経済の体質＝構造を転換し、体力＝成長力・強靭性を高めるしかない。

アベノミクスの現在地

ではアベノミクスから現在に至る状況はどうなのか？　２０１０年代には失業率もリーマンショック時から大きく低下、雇用数は増加を続けた。「政府の様々な施策とも相まって経済・物価の押し上げ効果をしっかりと発揮しており、わが国は物価が持続的に下落するという意味でのデフレではなくなった」（黒田日銀総裁退任時記者会見）。内部留保（正確には利益剰余金）と称される企業の利益も大幅に増えてきた。

しかし、雇用の中でも主に増えたのが非正規雇用・短期時間労働ということもあって賃金水準は低迷してきた。「デフレ慣行が根強く残っていた」（黒田日銀総裁）こともあってか、日本銀行が掲げた安定的な２％の物価上昇はついに達成されず、経済の中長期的に持続可能な成長力を表す「潜在成長率」も内閣府や日本銀行の試算では１％未満に留まってきた。

一方でデフレからの完全なる脱却に至らなかったのは2014年4月に消費税率を当時の5%から8%に引き上げた結果、景気が落ち込んだためとの主張がある。論者によっては日銀の金融緩和（第一の矢）や政府の財政出動（第二の矢）が不十分だったという。あるいはコロナ禍での経済活動の自粛やインバウンドの停止がなければ、状況は違っていたかもしれない。

アベノミクスへの歴史的評価はこれからだろう。足元の事実として、異次元の金融緩和を通じた日本銀行の年間80兆円を目標とした国債借り入れにより、その保有額は2022年度末で580兆円を超えた。これは国債残高の半分以上を占める。

2012年度末の普通国債発行残高は約705兆円だったが、22年度末には約1026兆円と約1・5倍に膨らんでいる。国債に地方債などを加えた「一般政府」という概念で国際比較をするとその残高は対GDP比で260%以上になる。これは主要先進諸国の中で最悪であり、財政危機に陥ったイタリアやギリシャよりも悪い。日本政府は借金だけではなく、年金の積立金を含めた金融資産も有している。これを除いた「純債務」ベースでみても、数値は一般政府で対GDP比約160%だ。これも諸外国の中でレバノンにつぎ高い。

本書の執筆時点で日銀は「2%の「物価安定の目標」が持続的・安定的に実現していくことが見通せる状況に至った」として、マイナス金利を解除した上、イールドカーブ・コントロール（YCC）の廃止を決定した。他方、当面金融緩和を続ける方針だ。政府は金融緩和によって低い国債金利の恩恵を受けてきた。しかし、この金利が一旦上がれば、コロナ禍以前からの1200兆円超の国債の利払い費が一気に増える可能性がある。今や、デフレ脱却のための金融緩和が、財政の行き詰まりを避けるための低金利政策になってしまっている感も否めない。

財政赤字は何が問題か？

そもそも、財政赤字の何が問題なのだろうか。財政赤字は現在と将来の経済に影響を及ぼす。これについて考えなければならない。

国の財政赤字とは、国債残高の増分に等しい。この国債残高の増分とは、政府による民間（投資家や金融機関等）からの資金調達にあたる。経済学の標準的な教科書にもあるように、政府の資金調達は、設備投資や住宅購入などの目的で資金を需要している民間の企業や家計と競合することになる。資金の競合＝需要増はそのまま金利上昇に繋がる。政府の資金需要（＝財政赤字）が変わらない限り、金利上昇は企業・家計の投資を減じてしまう。これを「クラウディングアウト（締め出し効果）」という。

それでは、日本の実際はどうだったか。長引くデフレ経済の中、民間企業の投資は低迷し

2-2　一般政府の債務残高（対GDP比）の国際比較

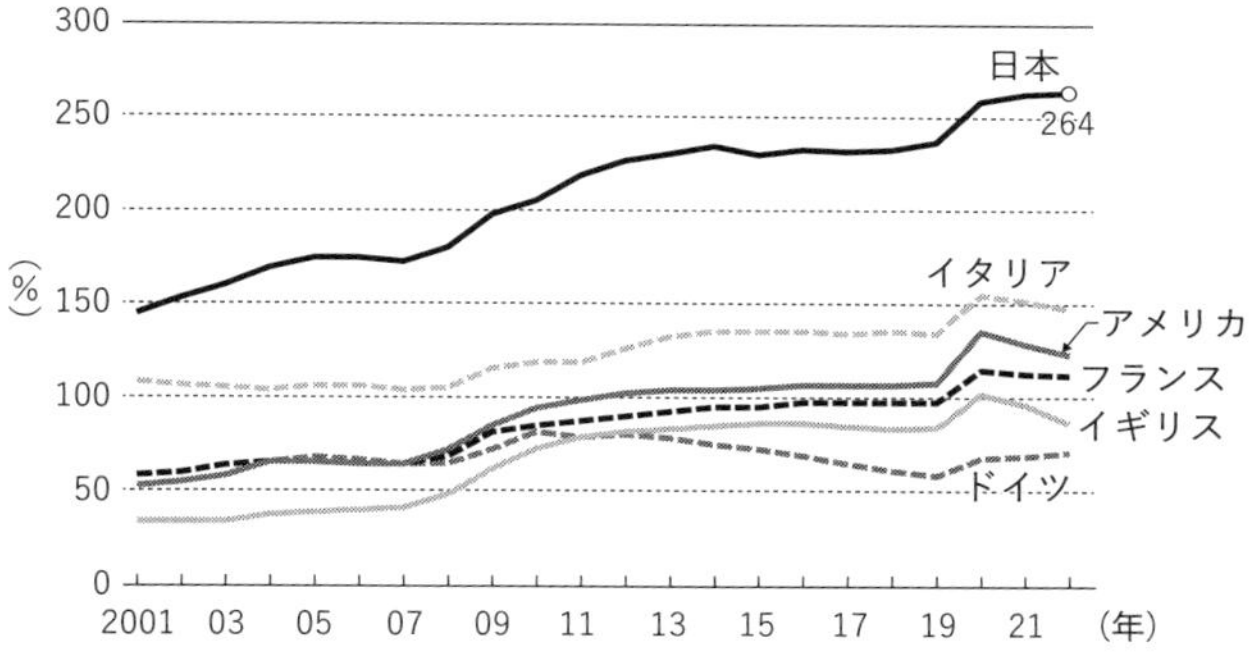

出所：国際通貨基金（IMF）Economic Outlook

てきた。家計も消費を抑え、貯蓄を増やす傾向にあった。まさに「カネ余り」と称されるように、民間部門は投資（資金需要）を超過して貯蓄が進み、資金余剰が常態化してきた。このため財政赤字によって金利上昇・民間投資減になるクラウディングアウトは観察されていない。

日本はデフレ下で税収が低迷し、政府は経済を底支えするため財政赤字を拡大させながら景気対策を講じてきた。他方、その財政赤字＝国債残高の増加を容易にしたのは、民間のカネ余りだった。これにデフレ脱却を図る金融緩和という名の下での国債買い入れが加わる。つまり、デフレ経済は財政赤字の原因であるが、巨額の財政赤字を支えてきたのもデフレ経済というのは皮肉といえよう。逆にいえば、一旦経済がデフレから脱却すれば潮目は変わることになる。

金利のある世界に経済が戻れば、元利償還費が増加して、社会保障、教育や防衛などに充てられる予算額を減らし、将来世代の受益を損なうだろう。あるいは消費税を含めて将来世代が増税に迫られかねない。仮に財政赤字が現在のクラウディングアウトのような問題を伴っていないとしても、将来にしわ寄せが及んでしまう。しかし、財政赤字を巡る昨今の議論は、足元しか見てないという意味で「近視眼的」になっているようにも思われる。

2 「財政健全化」論と「積極的財政」論

財政政策の奇策

日本人が好むものの一つに、先述の短期決戦に加えて、「奇策」があるようだ。例えば、日本の戦国時代では大坂夏の陣で活躍した真田幸村《さなだゆきむら》、中国の三国志でいえば蜀の軍師だった諸葛孔明《しょかつこうめい》が人気を博している。いずれも圧倒的な大軍に奇策をもって立ち向かったとされる。財政を巡っても2010年代以降「奇策」が盛んに論じられてきた。

近年、流行したのが、「現代貨幣理論（MMT）」である。提唱者はニューヨーク州立大学のケルトン教授で、2016年大統領選挙の予備選で旋風を起こした民主党サンダース議員の顧問を務めていたことからも注目が集まった。

その主張の核心は、通貨を発行する権限があり自国通貨建て国債を発行する政府は、財政政策において財政赤字や債務残高などを考慮する（財政再建に努める）必要はない、というものだ。要するに政府は財政的な「制約」に縛《しば》られない。むしろ、政府は財政収支を気にすることなく完全雇用の実現、維持に向けた経済政策に専念することが望ましい。

米国では、MMTはリベラル派を中心に根強く支持される。その背景には所得格差の広がりなど、市場経済への不信があるのだろう。とはいえ、もし「大きな政府」を志向するなら、北欧諸国のように、公共サービスの豊富さに応じて負担も大きくなる「高福祉高負担」が伝統的な福祉国家の姿であろう。しかし、米国や日本では税負担への抵抗は大きい。応分の負担を突きつけないMMTの主張はこうした国々の政治家・世論にアピールしたようだ。

ところで、MMTにはなぜ財政的な制約はないのか？　政府の財政赤字を中央銀行が通貨を増発して引き受ける、いわゆる「財政ファイナンス」で賄うことができるからだ。関連してMMT論者から、日本の金融緩和がその実践例だと言われたこともあった。もっともMMTが想定する金融政策と、日銀の金融緩和には大きな違いがある。

前述の通り日銀は物価上昇率2％という目標を掲げ、国債購入はその手段として位置付けられる。国債を購入して貨幣供給量（マネタリー・ベース）を増やすことで、人々に今後、物価が上がるだろうというインフレ期待に働き掛けることを狙っている。もし、ここでインフレ目標が達成されたら、金融緩和は「出口」を迎えることになる。

他方、MMTにおける中央銀行は、政府の出す財政赤字をひたすら埋める役割を担うに過ぎず、日銀のような目標も出口もない。その意味で金融政策は財政に従属、むしろ「一体化」しており、中央銀行の独立性も失われている。実際、MMTは、政府の支出を（誰かへの支払いになることを通じて）貨幣の放出、課税を（民間からの）貨幣の回収とみなす。このとき政府支出と税収の差額である財政赤字は、民間の手元の貨幣（預貯金を含む）に相当する。つまり、デフレ時には財政赤字＝貨幣量を拡大して経済活動を刺激し、逆にインフレ時には増税等で貨幣を回収すればよい、という理屈になる。

問われるのは、その貨幣に対する「信用」だ。MMTによれば、貨幣の価値を決めるのは、市場ではなく国家であり、貨幣＝国債への信用は当然視される。これは「表券主義」（チャータリズム）として知られる貨幣観でもある。日本でも、江戸元禄時代に活躍した勘定奉行の荻原重秀《おぎわらしげひで》が「貨幣は国家が造る所、瓦礫《がれき》を以てこれに代えるといえども、まさに行うべし」といっていた。要するに国が信用を担保できる限り、貨幣は何でもよいということだ。

問題はまさにここにある。確かに政府が財政赤字などを埋めるよう貨幣の「量」を決めたとしても、その「質＝価値」としての信用を決めるのは本来、政府ではない。金融機関や投資家、そして貨幣を保有する人々だ。人々が一旦貨幣に不信を持つようになるなら、その価値は一気に失われかねない。実際、世界の通貨危機や財政危機は、その国の貨幣や国債への信用が揺らいだときに起きている。そのため、各国政府は、歴史的に貨幣・国債の信用確保に腐心してきた。

結局のところ、貨幣・国債への信用は、中央銀行の金融政策及び政府の財政運営の「結果」であり、信用を「前提」にできるものではないということである。

なお、主流派の経済学者も、リーマンショック後の不況時のように消費・投資等マクロの需要が不足しているとき、「例外的な環境における需要管理手段」として財政赤字による財政出動には同意する。確かに深刻なデフレ下では民間は投資を控え気味で、家計は将来不安もあり所得を貯蓄に回している。つまり、民間全体では資金が余っている状態だ。そうであれば、国債を増発しても金利上昇にはならず、むしろ政府の支出が新たな雇用と所得を生み出し、消費・投資を含む民間需要を回復させる好循環に繋がるだろう。

しかし、平時でも大幅な財政赤字を続けるならば、金利上昇やインフレのリスクがある。このためMMTは「平時の経済政策の手引きにならない」との批判も多い。また、MMTによれば、一旦インフレになれば柔軟に財政を緊縮できるという。実際のところ、財政政策の決定には、財政民主主義に従うからには国会での審議と議決が必要だ。MMTが考えるほど柔軟ではない。財政も、車も、「急には止まれない」のである。

まだまだある奇策

奇策はMMTだけではない。インフレで財政再建が実現可能というのが「シムズ理論」（物価水準の財政理論FTPL）だ。きっかけは2016年8月、ノーベル経済学賞受賞者であるクリストファー・シムズ教授のジャクソンホール会議での講演だった（Sims（2016））。当時の内閣参与の浜田宏一教授も「目からウロコが落ちた」と評価するなど、国内でも関心が高まった。

前述の通り、デフレは貨幣的な現象で、よって金融政策が貨幣供給量を通じて影響するものと考えられてきた。であればこそ、アベノミクスの第一の矢＝大胆な金融政策が脱デフレの切り札として期待されたのである。

他方、FTPLは物価「水準」の決定を貨幣的現象ではなく、財政政策に求める。ただし、金融政策を完全に無視しているわけではない。

①名目金利がゼロまで下がっているため金融政策が効きにくくなっている
②国の財政が悪化する中、公債費の増加を抑えるべく低金利を続けざるを得ない状況に金融政策が陥っている

2-3　財政再建の奇策？

	主張	前提
MMT	自国通貨で国債を発行する政府は財政赤字を拡大しても財政破綻しない	慢性的な民間の需要不足と納税目的の貨幣需要 →増税しないまま「大きな政府」を実現？
ヘリコプター・マネー	中央銀行が国債を引き受け永久国債化（恒久的に保有）すれば民間に対する国の借金は解消	統合予算（連結）ベースでは債務の内訳がシフト（国債⇨貨幣）しただけ →通貨の信認は？
物価水準の財政理論	財政再建しないことで民間消費・投資が喚起されれば物価は上昇（＝脱デフレ）して財政再建	財政破綻（将来的に厳しい財政再建）しないことを家計・投資家が信認していることが前提 →財政再建しない国の財政への信認？

という当時の現状認識が背景にある。

仮に財政が破綻しない（公債のデフォルトはない）として、政府の長期の財政収支は、現在の公債残高の実質価値（＝名目金額÷物価水準）と、実質ベースでみた現在から将来にわたる基礎的財政収支（プライマリーバランス）黒字の現在価値に等しくなる。

公債残高（名目額）÷今期の物価水準
＝Σ将来にわたる基礎的財政収支（実質ベース）の現在割引価値

なお、現在価値というのは将来の収支額を現在の価値に直して評価していることによる。例えば、金利を２％として１万円を10年運用すれば、１万２０００円程になる。言い換えれば、10年後の１万２０００円の現在価値は1万円ということになる。

これを家計に喩えると、生涯消費が概ね生涯所得に等しくなることに相当する。もし、政府が基礎的財政収支をあえて改善しないとすれば、インフレが発生することで結果的に公債残高の実質価値が減じられる。つまり、脱デフレと借金の圧縮が同時に実現するのだ。ここで長期の財政収支のバランスは、制約ではなく、結果として成立する。政府が財政制約に直面しないという点ではMMTにも似てなくもない。

ここでも鍵となるのは「期待」だ。将来的に基礎的財政収支に変更はない。つまり、増税や給付カットが行われないという期待は、人々の将来の可処分所得への見通しを改善する。実際、年金など社会保障給付に対する将来不安が、特に若い世代の家計の消費活動を萎縮させているとされる。もしこれらの不安が解消されれば、消費は上向くだろう。消費＝需要の増加は物価の上昇に繋がることになる（厳密にいえば、FTPLは経済が完全雇用にあることを仮定するため、需要増は生産を増やさず、物価のみが上昇する）。最終的には前述した長期の財政収支がバランスするよう物価水準が決まる。

難しいのは、人々がこのシナリオを信用するかどうかだ。仮に脱デフレが確認できるまで消費税の増税などを先延ばしするとして、脱デフレを見通せないまま財政が悪化、公債残高が増え続けたならば、人々の将来不安は増すばかりだろう。FTPLが予見する通り、

①財政再建しない宣言→増税・給付カット予想が無くなり消費が喚起→脱デフレになるか。あるいは、

②財政再建しない宣言→それにもかかわらずデフレは継続→財政悪化→将来不安の増加・経済の低迷（デフレ）

となるかは定かでない。

シムズ理論は、こうした宣言によって消費が上向く可能性を、結果としてではなく、仮定しているに過ぎない。人々の期待に働き掛けるのは異次元の金融緩和でも同様だ。金融緩和を続けることでインフレ期待を醸成するのが狙いだった。しかし、日本銀行の意図したように期待を誘導する困難さは、その後の経緯から窺える。金融政策ではなく、財政政策ならば違う結果をもたらすことができるのだろうか。その確証はどこにもない。

ヘリコプター・マネー

「ヘリコプター・マネー」にも注目が集まった。中央銀行が貨幣を発行して国債を引き受けてしまえば、国の債務が帳消しになるという理屈だ。この理論は、マネタリストの元祖である米国の経済学者ミルトン・フリードマンが提案していた。

通常の金融政策では、中央銀行が民間の金融機関等と国債などを売買することで、市中の

貨幣量や市場金利に影響を及ぼす。ここでポイントになるのは、取引の相手が金融機関等に留まることだ。仮に彼らが貨幣を受け取ったとしても、家計や企業等への貸出に回さなければ、市中の貨幣量は増えない。であれば、「ヘリコプターからマネー（お金・現金）をバラまく」ように家計などに対して現金を配ればよいというわけだ。

無論、実際にバラまくわけにはいかないから、納税や給付で国民との窓口になっている政府を仲介させる。政府が給付の原資を国債で賄い、それを中央銀行が買えばよい。結果として中央銀行→政府→家計とお金が流れていく。ただし巷間に流布しているヘリコプター・マネー論は、（給付に使うかどうかではなく）既発分を含めて国債を中央銀行が引き受けるところに着目したものだ。

ここで登場するのは、国と中央銀行の財務・会計を一体化させた「統合政府」と、そのバランスシート（債務・資産の貸借表）である。国＝親会社、中央銀行＝子会社と考えてもよい。このとき、日銀が保有する国債は、政府の負債と帳消しになって、連結バランスシートには出てこない。一部の論者はこれをもって日銀が国債を全て購入すれば政府の債務は解消し、よって財政再建は達成されると主張する。

しかし、実際のところ、そのようなマジックはあるのだろうか？　連結バランスシートでは、中央銀行が民間に対して負う現金及び準備預金（日銀預け金）が負債として現れる。また、法定準備金を超過した準備預金には金利がついている。つまり、国債が（利付きの）超過準備預金に置き換わっただけ、という解釈が成り立つ。中央銀行は準備預金金利を人為的に低水準に留めようとするかもしれないが、グローバルな市場の圧力（国境を越えた資金移動）に長く抗することは難しいだろう。仮に準備預金の金利の引き上げを迫られれば、中央銀行の財務状況が危うくなってしまう。

このようにMMT、シムズ理論（物価水準の財政理論）やヘリコプター・マネーなど痛みを伴う財政再建は必要ないという「奇策」が我が国では次々と登場してきた。その結果、財政再建を巡る議論はその是非を問う「入口」に留まってきた。学術的な理論として、これらが誤っているというわけではない。「物価水準の財政理論」などについては優れた学術研究が行われている。問題は政治的に都合よく「利用」されてきたことである。

結局、痛みを伴う財政再建をしないで済む理屈であれば、何でもよいからかもしれない。また、その奇策は正しいという確信があるのでなく、そうあって欲しいという願望もあろう。「およそ人間は、自分が信じたいと望むことを、喜んで信じるものである」というのは古代ローマのユリウス・カエサルの「ガリア戦記」の中での言葉である。

今回は違う?

様々な奇策が論じられてきたとはいえ、政府が財政の健全化に無関心だったわけではない。1997年11月には橋本政権の下で「財政構造改革法」が成立した。同法は2003年度までに国と地方を合わせた財政赤字対GDP比を3%以下にすること、併せて赤字国債の発行額をゼロとすることを規定していた。「国と地方を合わせた」というのは国と地方自治体が一体になって財政健全化を進めていくことを意味する。このスタンスはその後の政権の財政健全化計画でも変わらない。なお、対GDP比3%以下としたのは、1992年に締結された「マーストリヒト条約」において欧州連合（EU）の単一通貨ユーロへの参加条件だったことに従っている。しかし、折からのアジア通貨危機を契機に国内金融機関の破綻など経済状況が悪化したことから、98年12月には施行が停止された。

2000年代に入ると、小泉純一郎政権は2006年の骨太（基本）方針で、「2011年度までに国と地方を合わせた基礎的財政収支（プライマリーバランス）の黒字化」を目標として掲げた。ここで基礎的財政収支とは、税収などの政府の収入と社会保障や公共事業といった支出との差額を指す。

歳入・歳出と区別するのは、歳入には税収以外に公債金収入（新規国債の発行）が、歳出には国債の元利償還費が含まれるからである。公債金収入とはいうが、財政赤字に過ぎない。

他方、元利償還費は社会保障など過去の政府支出を借金で賄った結果であり、その支出自体は過去の基礎的財政収支にカウントされている。実際、シムズ理論にあった政府の長期財政収支において、現在の債務残高と一致するのは将来にわたる基礎的財政収支の現在価値の合計だった。財政が持続するかどうかはこの長期財政収支が均衡するか否かによる。

小泉政権時の財政健全化目標に戻ろう。当時の政府の見通しによれば、社会保障費の増加が高齢化の進展に応じた「自然体」ベースで考えたとき、2011年度の国・地方の基礎的財政収支は16・5兆円の赤字になる。この赤字額が健全化を要するという意味で「要対応額」とされた。小泉政権はこの要対応額を、消費税の増税などを封印した上で、概ね社会保障費増の抑制や公共事業予算のカットといった支出削減で達成しようとしていた。しかし、2008年の「100年に一度の経済危機」とされたリーマンショックの影響もあって2011年度までという目標は先送りになった。

2009年に民主党への政権交代があり、2010年「財政運営戦略」が閣議決定された。そこでは国・地方の基礎的財政収支について、対GDP比赤字を2010年度時点から2015年度までには半減させ、2020年度までに黒字化するとした。併せて2021年度以降に、国・地方の債務残高の対GDP比を安定的に低下させる。この財政運営戦略の目標はその後の安倍政権にも引き継がれていく。

2-4　財政収支の見通し（国・地方のプライマリーバランス対GDP比）

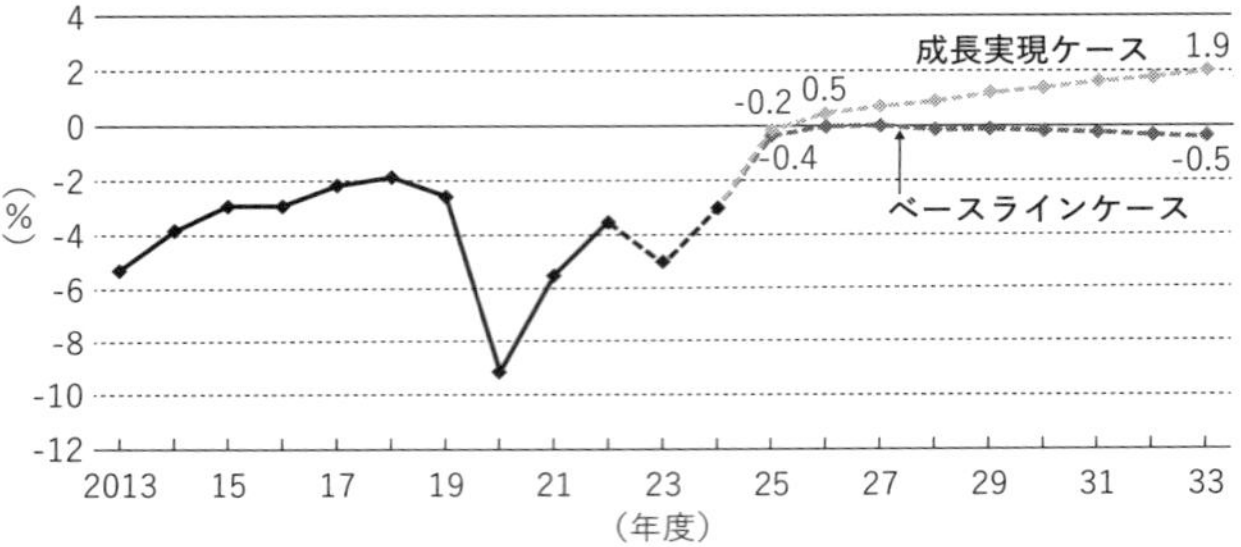

出所：内閣府「中長期の経済財政に関する試算」（2024年1月22日）

第二次安倍政権は、２０１５年６月に「経済・財政再生計画」を定めた。国と地方を合わせた基礎的財政収支の黒字化を２０２０年度までとする目標に変わりはない。同時に債務残高対ＧＤＰ比の安定的な引下げを目指す。また、歳出改革は削減一辺倒ではない。公共サービスの質の向上や「ワイズスペンディング（効果に即した予算の配分）」を図り、社会保障など主要分野ごとの道筋を示すロードマップを策定した。

しかし、アベノミクスが期待した持続的な高成長は達成されず、税収の伸びが穏やかに留まったこと、当初は社会保障の中でも年金、医療・介護としていた消費税の使途を新たに子育て支援へも拡大することになり、２０２０年度の黒字化は見通せなくなった。このため「骨太の方針２０１８」において基礎的財政収支の黒字化目標は、従来の２０２０年度から２０２５年度に先送りされるに至った。

政府は基本方針２０２２で「財政健全化の「旗」を下ろ

さず、これまでの財政健全化目標に取り組む」方針を確認している。他方、「現行の目標年度により、状況に応じたマクロ経済政策の選択肢が歪められてはならない」という。財政健全化を主張する側からすれば、「旗」は堅持していることになる。しかし、積極財政派からみると「状況に応じたマクロ経済政策の選択肢」として財政を拡大する余地が残る。

3　持続可能性について

なんとかなるさという幻想

内閣府の見通し「中長期の経済財政に関する試算」によれば、コロナ禍で拡大した歳出も一旦経済が平常化し、アベノミクスが目標とした名目成長率3％の「成長実現ケース」となり、これまでと同様に歳出を抑える努力を続ければ、2025年度のプライマリーバランス黒字化が視野に入るという。

ただし、ここで幾つか問題がある。仮に税収が好調でも、歳出が抑えられなければ財政の健全化にはならない。そもそも「成長実現ケース」を実現できるかが疑わしい。内閣府も高い成長を楽観視していたわけではない。成長実現ケースは規制や働き方の見直しなど、いくつもの構造改革（成長戦略）を進めて、初めて達成可能な「目標」のはずだった。ところがこの成長実現ケースは、いつの間にか財政・経済の今後を見通す「前提」になり、更には、痛みを伴う改革をしなくても「何とかなる」という風潮にすり替わってしまったように思われる。

経済見通しだけではない。日本銀行が続けてきた金融緩和にしても、結局のところ国債金利をゼロ近くに留めることで利払費を低くし、国の財政運営を「何とかしてきた」。それは2010年代を通じて国債残高が累積するにもかかわらず、国債金利はむしろ低下した「日本国債のパラドックス」として現れている。日本国債への市場・投資家からの信認が高いという意見もあるが、市場が信認してきたのは国債ではなく、金融緩和を続ける日本銀行が相応の値段で買ってくれることだろう。投資家はこれを利用して利ザヤを稼ぐことができる。

こうした甘い経済見通し、日本国債への矛盾した信認がいくつも積み重なり、政治家、そして国民に対して、国の借金は「何とかなるさ」と、危機感を失わせた。

他方、同じ内閣府の推計（2024年1月22日）でも、足元の成長率を反映した「ベースラインケース」では、2-4のように2025年度になっても国・地方合わせて2兆6000億円（対GDP比で約0・4％）の基礎的財政収支の赤字が残る。財政学者としては、財政・経済の将来見通しには客観性と堅実さが求められると言いたいところだ。

鳴らない市場からの警鐘

しばしば「政府の借金は民間の借金とは違う」という言説を耳にする。もっとも、それは政府が債務を返済しなくてよいことを意味しない。

政府と民間が決定的に異なるのは、政府には「軍事権」と「課税権」が与えられていることにある。家計や企業ならば比較的短期に借金の返済が求められるが、政府が返済を長期にわたって許されるのは、この課税権を行使して元利償還に充てられるからだ。

先述のMMTでも、政府に裁量的な課税権＝貨幣の回収を認めている。政府はいつでも増税できるのだから、今は増税しなくてもよいという理屈になる。

関連して巷間の議論では、国内で2000兆円を超える金融資産（うち現預金が1000兆円超）を有する我が国が財政破綻することはあり得ないという意見も多くある。しかし、国の財布と民間の財布は違う。民間が金融資産を持っているから国の債務は問題ないというのは、見方を変えると、いざとなれば国は金融資産に課税をして債務の返済に充てればよい、という無制限の課税権を許容しているともいえる。しかし、民主国家においてそうした課税権は許容されないだろうし、望ましくもない。

他方、今後も増税を認めないまま、つまり、課税権を放棄した形で国債を発行し続けるのは、それ自体が持続可能ではない。近年の歴代総理も「今後10年間は消費税を引き上げない」と繰り返し述べているが、「今はしなくてもよい」が、いつしか「これからもできない」になりはしないだろうか。結果として国債への信認が揺らげば市場での消化は困難になり、国債金利も上昇に転じよう。

日本はデフレが続き、低金利が当然視されてきた。ハーバード大学教授で米国の財務長官を務めたローレンス・サマーズ氏は、２０１３年の講演の中で、先進国経済が置かれている状況を「長期停滞」と表現した。これは名目金利が低い中、低インフレと低成長が長期化する状況を指す。この長期停滞が、かえって政治家や国民の間での危機感を削いできたように思われる。問題は、この状態が何時まで続くかだ。国債への信認が、何かを契機に損なわれれば、市場からの「警鐘」が発せられることになる。

実際、英国では２０２２年9月、リズ・トラス前首相が減税を主張した途端、財政赤字の拡大への懸念から英国債が急な金利上昇に直面した。その理由は、償還財源の裏付けのないまま大減税や家庭・企業向けエネルギー対策を打ち出し、また、それに合わせて国債発行計画を大幅に上積みしたことにある。市場はすぐに反応し、債券・通貨・株の「トリプル安」が生じた。トラス前首相の失敗の原因には、インフレ抑制のため中央銀行が金利を引き上げているときに、拡張的な財政政策を行った相反も指摘されている。

市場の混乱はおさまらず、トラス首相は在任49日で辞任。引き継いだリシ・スナク新内閣は、2022年11月に財政再建策を盛り込んだ新たな財政計画を公表するに至った。

直近の英国の事例にも見られる通り、これまで「何とかなってきた」ことはこれからもそうであることは意味しない。本来、財政の持続性に欠いて国債償還への懸念が生じれば、金利が上昇するはずだ。実際、英国を含む諸外国では、国の財政赤字への警鐘が金利上昇という形で市場（投資家等）から発せられてきた。

しかし、投資家らの日本への評価は、先の通り日銀が国債を買い支えることを当てにして目先の利ザヤを稼ぐことに終始しているようだ。投資家からすれば、自身が国債を信認しているか否かではなく、ほかの投資家の動向に応じて国債の購入を決めればよい。

この状況は、ケインズの「美人投票」のようなものだ。ケインズは株式投資を、投票で美人を選ぶ方法に喩えた。投票者全体の好みと最も近い者に賞が与えられるというもので、その場合、投票者は自分の好みでなく、ほかの投票者の好みを考慮した選択をする。大事なのは自分ではなく、皆がどう思うかということだ。つまり、ほかの投資家が国債の償還に楽観的で（あるいはそのように思われて）国債が安定的に消化・流通している限り、各投資家は国債を買い続けて、適当なタイミングで売り抜けようとするだろう。これは、実体的な裏付けがないまま期待だけで取引が成立しているバブル経済にも似ている。

こうした投機的な動きが活発になれば、市場金利は財政の信認シグナルとしては機能しない。ただし、いずれバブルが崩壊する。日本国債への信認が何等かの理由で損なわれたらどうだろうか。このとき、国債金利は「不連続的」に急上昇することになろう。

第三章　財政赤字の政治経済学

1　「良い借金」と「悪い借金」

財政赤字の規範

国の借金＝財政赤字が常に悪いわけではない。「良い借金」と「悪い借金」がある。「良い借金」とは、将来の成長や福利厚生（ウェルビーイング）の増進に繋がる借金だ。企業活動でも、設備投資や研究開発のために借入をして資金を賄い、将来の収益を借入金の元利償還に充てる。国もこれと同様である。インフラ等の整備に国債を発行し、将来の成長による税収増から元利償還費を捻出することはあってよい。将来世代もそのインフラから受益するから、彼らに応分の負担を求めるのは世代間の公平にも適っている。そういった根拠から、建設国債には「60年償還ルール」が適用されている。

60年償還ルールとは、政府の長期国債を60年かけて完全償還することを指す。元々は、インフラの耐久期間が概ね60年であることが反映されていた。

例えば、満期10年の国債を6兆円発行したとしよう。10年後の満期に、6兆円のうちの1兆円（発行額の6分の1）を償還し、5兆円を新たに借り換える。次の10年後には5兆円のうちの1兆円を償還して残った4兆円を借り換える。これを繰り返して60年後に完全償還するのである。そのために一般会計からは毎年度、国債の発行残高の（約60分の1に相当する）1・6％を償還費として「国債整理基金特別会計」に繰り入れることが法律で定められている。

インフラ整備などの公共事業は不況時の景気対策でもあるが、中長期には経済成長に資するものでなければならない。公共事業には、財政の経済安定化機能（＝景気対策）と資源配分機能（＝成長戦略）との整合性が問われる。案としては、不況期には計画を前倒ししてインフラ整備を実施する一方、景気が過熱したときはそれを先送りするなど、公共事業のタイミングを変えることが考えられる。また、景気が変動する中では、国債は財政の調整弁ともなる。不況期で税収が低迷するときは、不足分を国債で賄い、景気が上向き税収が増えたタイミングで元利を返済すればよい。つまり、課税は長期の財政収支を均衡するようにして決め、短期の増減は国債の発行とその償還で調整する。これを「課税の平準化」という。このように、財政赤字は短期的には許容される。ただし、景気の動向に拠らない構造的な赤字は課税を強化して解消し、平時の財政収支の均衡を図るのが望ましい。

これに対して「悪い借金」とは、将来世代にツケを回す借金にほかならない。いわば、親が飲み食いして、その借金を子どもに押し付けるようなものだ。年金や医療・介護など、社会保障の受益は現世代である。これを一方的に将来世代に押し付けては、世代間で不公平なだけではなく、元利償還費を高めることで、将来世代の財政運営の選択肢を制限しかねない。将来にも、新たな感染症や大規模災害などの非常事態は発生しうる。財政が行き詰まれば、危機に対処する財政余力も限られてしまう。

ちなみに、少子化対策や学校教育の充実は、将来への投資だから、インフラと同様に「教育国債」などの国債で財源調達してもよいという意見がある。確かに、児童手当や教育からの受益は子ども（＝将来）世代に及ぶ。しかしここで忘れられているのは、彼らが働き手になったときに、親（＝現在）世代の年金、医療等の社会保障の費用を、税や保険料を通じて支払っていることだ。子ども世代からすれば、教育国債の元利償還という形で自身の受益（＝教育）を自ら負担した上、更に親世代の面倒まで負わされる「二重の負担」になってしまう。よって、子育て・教育の充実を目的に国債を出すならば、親世代が老後に享受する社会保障についても、子ども世代がどれほど担うべきか見直さなければ公平ではない。

いずれにせよ経済成長や景気の安定化に果たす国債の役割、つまりは財政赤字の有用性は否定されるべきではない。しかし、これを放置することの弊害は大きい。ここで注意すべきは、財政赤字の規範と実際の区別だ。政治が財政赤字を拡大させるとき、景気対策を含めて財政赤字の規範（望ましい借金）が強調されるし、それを支持するエコノミストも少なくはない。実際のところは選挙向けのバラまきだったり、社会保障の見直しを含む痛みを伴う改革の先送りだったりする。財政赤字の規範は現実の財政赤字を正当化するものではない。

国債は資産か？

アルゼンチンは２０００年代初頭に、ギリシャは２０１０年代に壊滅的な財政危機に陥った。この二国の国債は、元々海外投資家が多くを保有していたのだが、過大な財政赤字から債務不履行の懸念が高まったため、海外投資家が引き上げてしまったのである。対照的に日本の国債は、２０２３年時点、日本銀行が50％を超えて持っている。その原資は、日銀が発行する現金や民間銀行の預け金だ。国内の金融機関も国債を購入している。他方、海外投資家の保有割合は約14％に留まる。よって、国債の多くは国民が直接・間接的に保有しており、日本の国債は資金が国外に流出する心配がない。

論者の中には、国民が直接・間接的に国債を保有することで資産形成になっていると主張する者もいる。しかし、将来の成長と税収増に寄与するわけでもない赤字国債は、国民にとって資産といえるのだろうか？

社会主義国では政府が生産手段を保有しコントロールするが、資本主義国は経済活動の多くを民間部門に委ねている。このため政府はその財源を税収に拠るしかない。政府は国債という負債を抱える一方、公共施設等の社会インフラや公的年金の積立金を含む資産も保有しているという意見もある。しかし、これらの資産が国債返済の原資になっているわけではない。民間企業ならば、いざとなれば土地や建物を売却して、借金の返済に充てることができる。他方、道路のようなインフラを売ることはできないし、積立金も将来の年金給付等に充てられる。一旦、その積立金を使ってしまえば、将来の給付が困難になりかねない。経済学者のヨーゼフ・シュンペーターは租税が収入の基盤となる近代国家を「租税国家」と呼んだ。

租税国家では、国債の元利償還の財源も税金で、負担するのも国民である。もちろん、国債の元利償還を受ける個人と、税を負担する個人が厳密に同じわけではない。特に、国債を個人で直接に購入しているのは富裕層に偏るだろう。とはいえ一国全体でみれば、国債保有者としての国民と、その元利償還費を負う国民は概ね一致する。だから、国債の元利償還のために増税しても、国民にとっては、納税者としてのポケットから国債保有者としてのポケットにお金が移るだけだとも言える。しかし、見方を変えれば、国民の手元には何も残らない。これは、18世紀英国の経済学者デイヴィッド・リカードの定理を、米国の経済学者ロバート・バローが1970年代に再定理化した「リカード＝バローの等価定理」として知られている。

政府が赤字国債の発行で国民に減税あるいは給付をしたとしよう。長期の財政収支を均衡化させるには、いずれ増税して国債の元利を償還しなければならない。仮に人々が「合理的」なら、今日の減税は将来の増税を予期させる。よって人々は、減税あるいは給付で増えた可処分（課税後）所得を貯蓄に充てて、将来の増税に備えるだろう。このとき国民は国債を保有するが、それは将来の収入を増やすためではない。その減少を防ぐためだ。つまり等価定理は、現在の減税や将来の増税などに対して貯蓄がバッファーとして調整されるため、個人の消費選択を変更しないとする。このとき、国債は国民の生涯にわたる所得を増やすわけでもない。

バローは、現在の赤字国債が減税・給付を享受する現在世代ではなく、将来世代になってから増税で償還されるとしても、現在世代が将来世代に対して利他的で、彼等の負担にならないよう遺産を残すなら、「等価定理」は成り立つとした。ただし、将来世代は遺産を親世代から受けとっても、税の支払いに充てるのみとなる。

遺産ではなく将来世代が自分の所得から国債を購入している場合はどうか？　仮に国債を

100万円購入して、金利5％と合わせて将来105万円（＝元本100万円＋利払い5万円）を受け取ったとしよう。その元利償還費は当該個人への課税105万円で賄われたとする。「将来」時点では、受け取った元利と課税が見合っているように思われるが、「購入」時に100万円の支出があったにもかかわらず、将来の可処分所得は増えていない。結局ここで利益を得るのは国債100万円を将来世代に売却した（かつ遺産を残さない）現在世代に過ぎない。

しばしば「国の借金」は「国民の借金」かどうかが問われる。しかし、ここまで見てきたように「国の借金」の返済の原資は、国民への課税だ。結局、国民自身の可処分所得を増やすわけではない。その意味で国債、特に赤字国債は資産と言い難いところがある。ちなみにロバート・バローの論文のタイトルは「国債は純資産か？」と疑問符を付けている。

2　チキンゲームと財政錯覚

我慢比べ

長らく財政再建の必要性が叫ばれてきたが、実際には進まなかった。なぜだろうか。それは政府の政策決定の過程に理由があるのかもしれない。我が国では、省庁間は「縦割

3-1　チキンゲーム

利益団体A ＼ 利益団体B	財政再建に協力	既得権益に固執
財政再建に協力	財政赤字の解消 ⇒	
既得権益に固執	⇓	財政赤字の累積

⬇

財政再建が先送り

り」になっており、更に様々な利害関係者（ステイクホルダー）の意向が入り乱れている。

　財政再建は、増税や歳出削減などを伴うため、既得権益を有するステイクホルダーからの反発を受けやすい。既得権益というと、建設業界や農業協同組合、経済団体など特定の利益団体を思い浮かべるかもしれない。しかし、一般国民自身もまた既得権益者といえる。

　国民にとって一番の既得権益は社会保障だ。国の予算の多くは医療・介護、年金が占めてきた。提供側にある日本医師会などの政治的影響力は否めないが、医療サービスを抑えるとなれば、受益者である国民自身（特に高齢者）も反発するだろう。一方、納税者としての国民にとって増税は所得を減らすから強い抵抗がある。つまり財政再建は、一部の利益団体のみならず、広く国民の既得権益に関わるのである。

　日本の政策決定は基本的に現場からのボトムアップで、合意形成を重んじてきた。このとき各権益者にとって最良なのは、自身の権益を放棄することなく、ほかの誰かの身を切って目的を達成することであろう。財政健全化も同様で、総論には賛成でも、社会保障や公共事業など、自分の権益を損なう各論には反対する事が往々にしてある。ほかの誰かが妥協するのを待つ我慢比べ、いわゆる「チキンゲーム」に等しい。そして皆が既得権益に固執する結果、財政再建が先送りされる。まさに、我が国の財政再建が遅々として進まなかった理由だ。

とはいえ、誰も妥協しないまま財政が破綻すれば、全てのステイクホルダーにとって不利益になる「共有地の悲劇」を招きかねない。共有地の悲劇とは、所有権が設定されておらず不特定多数がアクセス可能なときに、人々が資源を過剰に利用する状況を指す。わかりやすい例としては、漁業で乱獲してしまったために魚がいなくなり、結果的に漁師みなが損失を被ることなどが挙げられる。

２０１８年の財政制度等審議会建議でも、「現在の世代が「共有地」のように財政資源に安易に依存し、それを自分たちのために費消してしまえば、将来の世代はそのツケを負わされ、財政資源は枯渇してしまう」と警鐘を鳴らしている。

もう一つの問題は、財政においては帳尻を合わせる「蛇口」、つまり財源が多いため、赤字で行き詰まったときにどの政策変数で調整するかが明らかではないことだ。歳出カットならば社会保障、公共事業、教育などの中で、どの公共サービスを削減するか。増税ならば、消費税、法人税、所得税などの税目からどれを増税するか、明示的なルールがあるわけでもない。結果、各々が都合のいいことを期待して、財政危機になっても楽観的なシナリオを期待し易くなる。

財政が持続可能なとき、政府の債務残高（実質）は、プライマリーバランス＝純負担（＝税収－支出）の現在価値に一致する。つまり、現在の債務は長期にわたる純負担によって返済されなければならない。しかし、ここで問われるのは誰が負担するかである。

例えば、個人Aと個人Bからなる社会を考えてみよう。彼等の政府の長期の財政収支は、

現在の債務残高＝個人Aの純負担＋個人Bの純負担

と決まる。しかし、個人Aは自身の負担を少なく、多くを個人Bに割り当てられると考えるかもしれない。個人Bも同様だ。結果として、

現在の債務負担＞個人Aが期待する自身の純負担＋個人Bが期待する自身の純負担

になってしまう。この場合、各人の期待に沿う限り、財政が持続可能になっていない。加えて、財政破綻時の負担を過小評価することから、前述のチキンゲームが激しくなる。

マネタリストの不快な算術

第二章で紹介した「物価水準の財政理論（FTPL）」を含め、デフレからの脱却にあたっては金融政策と財政政策の協調を重視する向きがある。しかし、協調と言えば聞こえは良いが、こと昨今の日本においては、財政収支の帳尻を合わせるのは、政府ではなく中央銀行かもしれない。

日銀は年間80兆円のペースで市中金融機関等から国債を買ってきた。このため投資家・金融機関は、日銀が高値（＝マイナス金利）で買ってくれることを前提に額面価格よりも高い値段で国債を購入する動きも出ていた。予定調和のように国債購入が続く中では実質的に政府と中央銀行は一体化しているともいえる。この市場を介した間接的な財政ファイナンスはMMTとも似てなくもない。もっとも、MMTが政府は財政制約に縛られないとしているのに対して、ここでは中央銀行の金融政策が財政制約によって縛られている。

ヘリコプター・マネーでも説明したようにこれを企業に喩えると、政府が親会社で、中央銀行が子会社ということになる。一般に企業グループの財務状況は、親会社と子会社の連結決算で評価される。同様に中央銀行の収益、つまり「貨幣発行益（シニョレッジ）」が、政府と中央銀行を一体にした「統合政府」の連結決算に加わる格好になる。

シニョレッジとは、中央銀行が銀行券発行の対価（公開市場操作）として、購入した国債を含む資産から得られる利息収入にあたる。この利息収入から準備預金（日銀預け金）に係る利払い費等を差し引いた収益が「納付金」として国庫に納められる。当然、貨幣を多く発行する（多く国債等を購入する）ほどシニョレッジは増加する。

仮に財政が悪化し続け、一方で政府が何ら対策を講じないとすれば、中央銀行はこの貨幣発行益＝貨幣供給増で政府収入の補塡を迫られるかもしれない。これはサージェント＝ウォレスの「マネタリストの不快な算術」として知られる。その結果、起きるのはインフレだ。インフレは、国民の生活水準にマイナスの影響を及ぼすだけではなく、通貨への信認が損なわれる事態にもなりかねない。

政府と日本銀行は２０１３年に共同声明を出し、「消費者物価の前年比上昇率で２％」の早期実現と合わせて「財政運営に対する信認を確保する観点から、持続可能な財政構造を確立するための取組を着実に推進する」としていた。しかし、持続可能な財政の取組は、中央銀行に押し付けられる格好になるかもしれない。

財政錯覚

「財政錯覚」とは、ノーベル経済学賞受賞者で公共選択論の創始者の一人である、Ｊ・Ｍ・ブキャナンが提唱した問題だ。ブキャナンによれば、「複雑で間接的な支払構造は単純な支払構造の下で観察されるよりもより高い水準の公共経費を体系的にもたらすような財政錯覚を創り出す」。つまり、税制を含む財源の仕組みや政府支出を決める予算制度が複雑になると、有権者＝国民は自分達が受益する公共サービス、例えば、学校教育や医療サービスとその費用の出所との関係が明らかでなくなる。このため公共サービスの真のコストを過小評価し、提供費用は低いものと「錯覚」してしまう。

特に日本では、道路整備や学校教育、福祉など、身近な公共サービスを地方自治体が担ってきた。他方、国が交付税・補助金などの財政移転を通じて地方自治体の財源を手当てしている。そのため、地域住民は福祉などの支出が増えても、それを誰がどのように負担しているのかわからない。結果、地域住民の財政に対する関心が損なわれ、無駄な支出も助長されやすい（国と地方の財政関係の課題については第七章でも説明する）。

例えばコロナ禍では、地方自治体に「地方創生臨時交付金」が累計18兆円交付されたが、疑問のある使い方も散見された。筆者も参加した「NHKスペシャル「検証 コロナ予算77兆円（2021年12月29日放送）」の中では「ポストコロナを見据えた経済対策」として町営グラウンドの整備用トラクターが購入されたり、利用の乏しい山あいの集落で光ファイバーケーブルが敷設されたりした事例が紹介されていた。石川県能登町の巨大イカのモニュメントがネットでも話題になった。しかし、これらが地元住民の税金による負担だったら、本当に欲しいと思っただろうか。このほかにも交付金が公的施設の水道料減免に使われるなどしていたことが会計検査院の調査で指摘されている。

会計検査院によると、地方創生臨時交付金で事業を実施した自治体のうち、その効果を報告したのは約4割に留まった。住民からすれば、交付金は所詮「他人のお金」に過ぎないのかもしれない。これが自分達の税金で財源確保した事業であれば、効果の検証を求めたところだろう。

このように財政錯覚は財政規律を弛緩《しかん》させる。

地方自治体レベルでこうした錯覚を避けるには、ナショナルミニマムな支出は国が補助するとしても、それを越えた支出については住民自身が固定資産税や個人住民税といった地方税で賄うのが望ましい。例えば学校教育ならば、国が法令等で定めるものとは別に、自治体が独自に教員を雇用あるいは学校施設を整備するならば、その費用には地方税を充てるということだ。

これを「限界的財政責任」という。ここで限界的とは、国の基準を超えた行政サービスの提供など（給付の上乗せや学校教員の加算等）自治体独自の歳出を指す。住民からすれば、追加的支出とその財源の関係が明確になり、彼等のコスト意識が喚起される。仮に受益を伴わない支出の拡大＝負担の増加であれば、住民の同意は得られないだろう。非効率な事業・政策の淘汰《とうた》に繋がる。

この限界的財政責任を制度的に担保したのが、英国のカウンシル税（居住建物に対する固定資産税）だ。英国では、中央政府が定めた標準的水準を超過した歳出は同税の税率の引き上げで負担するものとされる。一般に自治体の予算制約式は、歳出＝地方税＋（国からの）補助金＋起債で与えられる。一方でカウンシル税は、補助金などほかの財源を、先に決まるという意味で「先決変数」とした上で、歳出に応じて変化する「調整（残余）変数」と位置付けられる。過大な支出があれば、連動してカウンシル税が引き上げられるため、地域住民はコスト意識を持ち易くなる。

さて財政錯覚の問題に戻れば、社会保険料にも一種の錯覚が働きやすい。厚生年金や組合健保など社会保険の保険料率は労使で折半されてきた。現在、年金・医療保険等を合わせて保険料率は報酬の30％余りに上る。しかし、そのうちの半分は雇用主＝企業の負担で、労働者からすれば半分の支払いで年金や医療の給付を受けているようにみえる。このため年金・医療などの社会保障の負担は人々によって過小に評価されてしまう。

異次元の少子化対策で、新たな「支援金」として保険料の上乗せが検討されるのも、消費税に比べて、負担が明確ではない（負担感に錯覚が生じやすい）のを当てにしていることは否めない。

同じことが財政赤字＝国債の発行にもいえそうだ。将来的に生じる国債の元利償還費を増税して捻出するのか、その場合は、どの税目を増税するのか、あるいは歳出の見直しや国有財産の売却などほかの財源に拠るのか、あらかじめ定まっていない。国民は、これによって将来的な負担はないという錯覚に陥っているかもしれない。

3　財政悪化の顚末

国民は知っている？

ここまで「チキンゲーム」や「財政錯覚」を見てきたが、人々は財政の将来について本当に無知、ないし無関心なのだろうか。この問題を行動経済学の観点から見てみよう。

伝統的な経済学では、人の満足度を効用関数で説明しているが、行動経済学のプロスペクト理論では「価値関数」で評価する。効用関数が消費等の水準を変数とする一方、価値関数は、昨日の消費水準などを基準に、そこからの乖離で満足度が変わると考えるところに違いがある。

例えば先月の給与が10万円で、そこから5万円増えて15万円になったのであれば、個人は得したと感じる。他方、先月は20万円で、そこから15万円になったのであれば、5万円損したものと思う。つまり、先月の給与額が参照点となって今月の損得が評価されている。

このプロスペクト理論では、参照点を境に利益局面では凹関数になるが、損失局面では凸関数の形状となることが知られている。仮に参照点（先月の給与）に比べて10万円だった利益が11万円になったときと、既に20万円だった利益が更に21万円になったときを比較すると、同じ1万円増でも、前者の方が満足の増加は高くなる。他方、10万円だった損失が11万円に拡大したときと、既に20万円の損失が今更21万円に拡がったときを比べると、後者の不満は大きくない。既に20万円の損失があるところ、今更1万円損失が拡大したからといってあまり違いがないというところだろう。

このとき人々は、利得局面では、不確定な利益よりも確実な利益を好んでリスク回避的に行動する一方、損失局面では、損失を確定させるより状況が改善する可能性に賭けるリスク愛好的な行動をとる。株式売買を例にするとわかりやすいかもしれない。例えば、現状より株価が上がると、更なる上昇に期待して当該株を持ち続けるより、売却して早く利益を確保しようとする。他方、株価が下落すれば、売却して損失を確定するより、現状を回復する可能性を期待して売り惜しみをする。

これを財政再建に置き換えよう。増税や歳出削減は国民への「損失の分配」ともいえる。このときプロスペクト理論によると、現状＝参照点から見て、財政再建は人々に「損失局

3-2 プロスペクト理論

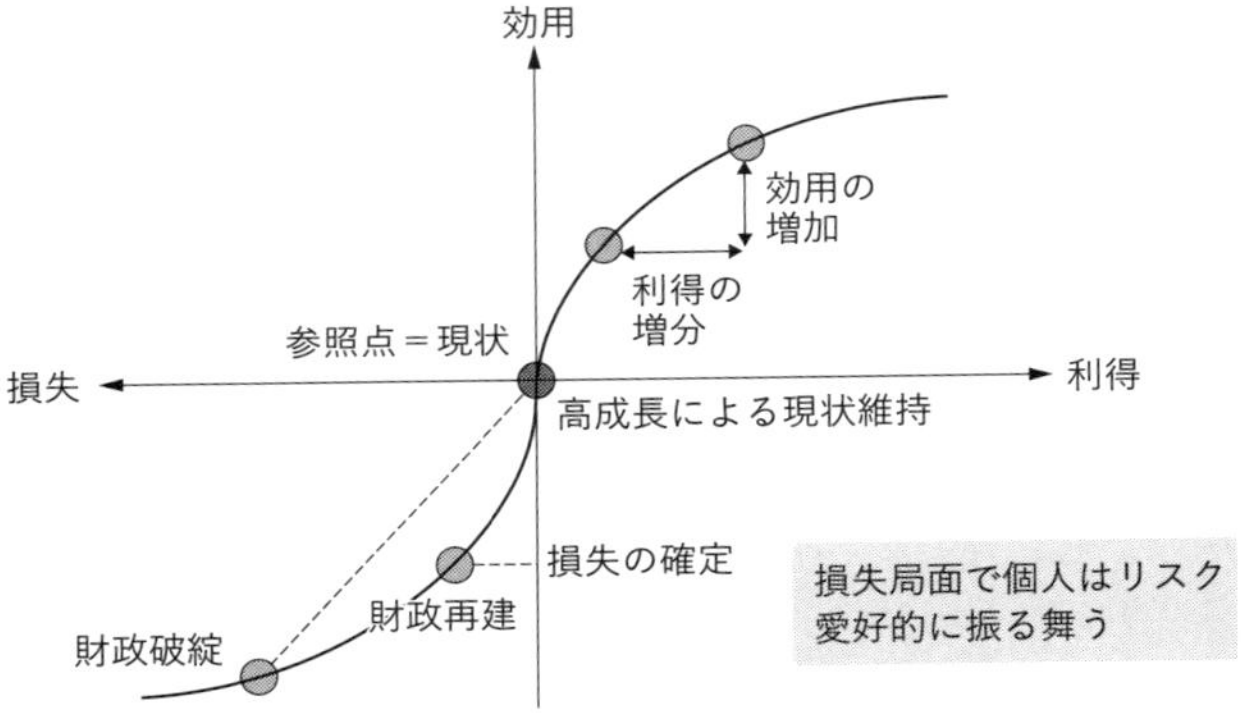

面」を強く意識させる。もちろん、これを先延ばしすれば、経済が奇跡的に回復して現状の税負担や給付の水準（＝参照点）が維持可能になるか、財政破綻に陥って大きな損失を被るかの「賭け」となる。しかし、人々は損失の確定にあたる財政再建より、財政破綻のリスクがあるにもかかわらず、先延ばしして現状が維持される可能性に賭ける意思決定をするのかもしれない。

第四章でも「ドーマー条件」として説明するように、仮に経済の成長率が継続的に国債の金利を上回れば、基礎的財政収支が一定程度赤字であっても国債残高の対GDP比は発散せず、財政の持続性も確保できる。成長率＞金利が続くことに賭けて、あえて財政再建の努力を払わないのも、プロスペクト理論から導かれる考え方の一つとも言えるだろう。

このような人間の行動特性を勘案すれば、財政の長期試算を含めて客観的な情報、エビデンスの提供だけでは問題は解決しないのかもしれない。

そうした事例は歴史の中にも見受けられる。日米開戦を研究した牧野邦昭（２０１８）によれば、当時の陸軍が日米の経済・戦力差を十分に理解していたにもかかわらず、米国との戦争という無謀な決断に至った理由についてプロスペクト理論を用いて説明している。開戦前を参照点としたとき、米国の石油禁輸措置等により、このままでいけば大日本帝国はジリ貧になるという損失局面への意識が開戦という賭けを選択させたという。

正しい情報が正しい判断をもたらすとは限らないわけだ。このため財政再建であればあまり損失局面を意識させないような工夫が必要になるのだろう。財政への危機感を煽《あお》るのではなく、危機を避ける解決策、あるいは本章末で述べるように危機時の対応を明らかにすることがあってよい。解決策としては本書の第七章で財政の健全化に向けた具体的な提言を行う。

変わる潮目

長らくデフレ下にあった我が国の経済・財政を巡る「潮目」は変わりつつある。第一章では足元で物価が上昇していることを述べたが、その傾向は当面続き、日本経済は脱デフレに向かっている。

世界も同じ状況にある。コロナ禍の対策のため、各国が大量の財政出動を行い世界にお金があふれた。その結果インフレ率が高まり、各国の中央銀行はリーマンショック以降の金融緩和政策を転換、金利は上昇基調にある。実際、2024年3月、日本銀行はマイナス金利を解除するなど、「普通の金融政策」への転換を表明した。金利のある世界が戻りつつある。ただし、金融緩和は当面、継続するという。

しかし日本だけが低金利を続けるなら、内外の金利差が拡大して円安が進む。実際、2024年3月27日には円相場が一時1ドル＝151円97銭台と34年ぶりの安値を更新した。これが資源価格増と相まって輸入価格が上昇、国内の物価はインフレ基調に転じてきた。このままでは持続的な需要の拡大によるデフレ脱却という目論見《もくろみ》に反して、輸入価格の上昇によるコストプッシュ型の「悪いインフレ」になりかねない。

急速な円安に対しては政府・日銀は手元のドルを売って、円を買う為替介入で凌《しの》いでいる。低金利である限り、こうした介入が不可避となるが、いつまで続けられるだろうか。既に金融緩和の見直しを見越して、海外勢の国債売りの動きが起きている。こうした市場からの攻撃に対して、日本銀行は国債を買い支えて低金利を維持しようとしているが、買い支え続けることができるかはわからない。

状況は我が国にとって不利ともいえる。近年、新規・借換を含む国債の発行額は200兆円を超え、2022年度の発行額は217・7兆円余りが見込まれる。僅かな金利上昇は利払い費を急増させかねない。財務省の試算によれば、標準的な想定より金利が1％上がると2026年度の利払い費は3兆6千億円上振れる。金利増は2026年度以降、発行される国債にも当てはまるため、国の利払い費は「雪だるま式」に増えることになる。

無論、政府は公的年金の積立金や有価証券をはじめ金融資産を保有している。金利が上がれば、そうした金融資産からの収入増も見込まれる。しかし、債務から金融資産を差し引いた純債務ベースでみても、一般政府の純債務残高の対GDP比は2022年度時点で約160％に及ぶ。金利上昇はネットで政府の負担を高めるだろう。加えて、利払い費増によって財政悪化が進めば、市場における国債への信認が低下する懸念がある。次に述べる財政危機の契機にもなりかねない。

将来は現在の延長にあるわけではない。筆者を含む財政学者等は、財政危機のリスクを繰り返し強調してきたが、実際の危機は未だに起きていない。そのため、「オオカミ少年」とも揶揄《やゆ》されてきた。しかし、イソップ物語の「オオカミ少年」の結末はどうだっただろうか。実際に狼は来て、羊が食べられてしまった。少年の言葉を嘘と決めつけ村人たちがリスクへの備えを怠ってしまった痛手は大きい。財政も今大丈夫だから今後とも大丈夫ではないのだ。

財政破綻とは何か？

確かに、国はたとえ財政危機に陥っても、民間企業のように清算されて消滅したり売却されたりすることはない。それもあって「財政破綻」の意味が一般には伝わり難い。

本書では、財政破綻を政府が資金のやり繰りに窮する状態、つまり、国債の借り替えや新規発行が難しくなり、現行の税負担や社会保障サービスを維持できないという意味で財政が持続しなくなる状態とする。

政府が多額の借金をする状況が続けば、金融市場で国債を買っている投資家や金融機関は、「自分たちが貸したお金が本当にかえってくるのか」と不安に思い始めるだろう。この不安が国債に付く金利を（リスク・プレミアム分）上昇させる。金利の上昇で政府支出は更に増え、借金は「雪だるま式」に増加していく。つまり、左のような悪循環を辿ることになる。

多額の借金残高→信用低下による金利の上昇→利払いコストの増加
＝支出の増加→新たな借金の増加→信用の更なる低下による更なる金利上昇

金利上昇の影響は財政に留まらない。金融機関や企業、家計にも及ぶことになる。国債価格が下落（金利の上昇）すると、国債を大量に保有する金融機関のバランスシートは大きく毀損される。有利子負債を抱えた中小金融機関の中には経営破綻するところも出てくるだろう。住宅ローンの金利も上昇して、家計に重い負担になってくる。

それでは財政危機に繋がる国債価格の下落（金利の上昇）はどのようにして始まるか？それは、「国債の未達」だ。未達とは投資家や金融機関からの応募額が発行額に満たず、国債が売れ残る状況だ。投資家が政府の返済能力に疑心暗鬼になったり、大規模災害、あるいは戦争などの有事が起きて、経済の復興に巨額な財政コストが見込まれる（財政の更なる悪化が予想される）ことなどで起こりうる。

国債が未達になると、政府は資金を確保できなくなり、そのままでは社会保障や公共事業などの歳出をカットせざるを得ない。とはいえ歳出カットには利益団体が反対するだろうし、増税となれば国民からの反発も予想される。対策を講じるよりも危機になったのは誰の責任かという「戦犯探し」に終始することもあり得る。政府が何も決められないままでは市場からの信認が更に下がって、危機は深化しかねない。仮に災害などの有事が財政危機のきっかけになるとすれば、その有事からの復興にも支障をきたす。

結局、自分たちで立て直すことができないとなれば、国際通貨基金（ＩＭＦ）の管理下に置かれるというシナリオもあるかもしれない。実際、１９９８年のアジア通貨危機の折、韓国やインドネシアがＩＭＦからの金融支援を受け、その代わり歳出カットを含む厳しい改革を強いられた。良くも悪くも外圧は国内で政治的に困難な改革を進める推進力になる。改革に反発があれば、「ＩＭＦに言われたから」と責任転嫁すればよい。では、ＩＭＦは日本を救済できるだろうか？　現在、ＩＭＦが融資可能な総額は約1兆ドル（150兆円）とされる。しかし、全額を一国の救済には充てられない。日本の国債の発行額は借換えだけでコロナ禍前でも毎年100兆円あまりだった。一時の緊急融資ならともかく、ＩＭＦが日本を支え続けることには無理がある。助けるにも日本の財政赤字は大き過ぎるのである。

中央銀行の財政ファイナンス

別の選択肢は「ヘリコプター・マネー」の処方箋通り、日本銀行が市場に売却できない国債を全て引き受けてしまう財政ファイナンスだろう。現在の法律（財政法第5条）では日銀が国債を直接購入することは禁止されている。一方で、満期の到来した国債については借換えに応じられるし、財政法自体を国会で変えることも可能だ。ただし、副作用は少なくない。それが財政インフレである。

戦後、日銀による復興金融公庫債の引き受けや政府への貸付がマネーサプライを膨張させて、ハイパーインフレをもたらした歴史はよく知られている。当時の政府はこのインフレで戦時中に増えた国債の実質的な負担を解消できた。しかし、インフレはいわば隠れた税でもある。物価が高くなることは、国民からすれば消費税の増税と違いはない。消費税であれば、税率は国がコントロールできるが、インフレはそうはいかない。一旦、火がつくと抑えが利かなくなるかもしれない。日銀引き受けとそれに連なる財政インフレは財政危機の解決策としては劇薬なのである。

ハイパーインフレほどではないまでも、一般にインフレは政府債務の実質残高を押し下げる。「物価水準の財政理論（FTPL）」にある通り、財政収支の帳尻を合わせるように働くかもしれない。このことは財政にとっては好都合だが、実質的な価値が減る国債を保有する国民や金融機関などにとっては不利益となる。

デフォルトの意味

こうなると選択肢は限られてくる。債務不履行（デフォルト）か、厳しい緊縮財政だ。

このうち債務不履行とは国債の元利償還を停止、あるいは先延ばしである。前述の通り、2001年にはアルゼンチン国債がデフォルトした。国債は安全資産とされるが、中所得国を中心に債務不履行は少なくない。しかし、ギリシャを含めて、こうした国々の国債は海外の投資家によって多く保有されてきた。よって、デフォルトは海外投資家が割を食う形になる。

他方、日本の場合、国債保有のほとんどは日銀のほか、国内の金融機関・投資家だ。国債の安定的消化を助けてきた反面、債務不履行は国内金融機関の損失となって、金融危機に連鎖するリスクが高い。結局、債務不履行のコストは海外に押し付けられず、日本経済及び国民自身に跳ね返ってくることになる。

ここで金融危機と財政危機は密接にリンクすることにも留意されたい。リーマンショックでもあったように、欧州諸国での財政危機は、金融機関への公的支援による財政赤字の拡大から波及した。逆もまたしかりで、財政危機で国債のデフォルトが生じれば、銀行のバランスシートが毀損して金融危機に発展しかねない。皮肉なことに「国債は国民自身への借金に過ぎない」（内国債である）という安心感は一旦危機が起きれば、その危機を増幅させる（財政危機を金融危機に深化させる）要因になる。我が国において債務不履行は財政危機を克服する選択肢にならない。

最後に残る選択肢は、結局のところ政治的な抵抗が強いとしても痛みを伴う財政再建だ。2010年代に財政危機が起きたギリシャでも、消費税の増税や社会保障の削減が行われた。ギリシャ政府はそれ以前から財政再建に取り組んではいた。しかし、破綻後は、財政再建が、さもなければ高い金利を要求する市場から強制され、それは国民生活を直撃する。

これに似た実例が北海道夕張市である。2007年、当時人口1万3000人ほどだった夕張市は353億円余りの借金を抱えて破綻した。その後、財政再建団体に指定されて国と北海道の管理の下、財政再建策を作成して実施している。職員は給与カットの上、人数も半分以下になった。住民への公共サービスも大幅に引き下げられた。市立病院は機能を縮小して、小中学校の削減も進んだ。軽自動車税はほかの自治体の1・5倍で、公共施設の使用料金も引き上げられた。

国とて同様である。財政が行き詰まれば、これまで当たり前と思ってきた多くの行政サービスが提供されなくなる。我が国では多くの地方自治体が国からの補助金に依存している。国が財政破綻すれば、こうした補助金は大きくカットされるだろう。自治体の財政が行き詰まる連鎖破綻になる。結果、自治体は道路・橋梁等のインフラの管理や整備、公立学校・病院などの施設の運営ができなくなる。ゴミの収集も滞るだろうし、水道管が破裂しても迅速な修理はできなくなる。災害でインフラが毀損しても復旧することも困難だ。「当たり前」の日常が失われるのである。

財政危機後のプランB?

財政危機は起きないに越したことはないが、一旦危機が生じたならば、問われてくるのは危機への対応である。あらかじめ、その対処を想定しておくことも一案だろう。危機を防止するべく財政再建を講じることがプランA＝最善ならば、危機後の対応策がプランB＝善後策にあたる。

危機に陥った後で再建策を打ち出すにも、前述のように総論賛成・各論反対となって合意形成できないリスクがある。そうであれば、危機前に包括的なプランを定めることが速やかな財政再建に繋がるだろう。危機直後からの時間の経過に沿って善後策は次のような内容を含む。

第1段階は、歳出の執行停止・先送りなどの直後の対応である。つまり、事前に積立金を取り崩す特別会計や、先送り、ないし執行停止する支出項目とその順位を決めておき、それを実行する。実際、「ねじれ国会」の影響で特例公債法案が承認されず、特例（赤字）国債を発行できなかったとき、当時の民主党政権は「予算執行抑制方針」（2012年9月7日）を打ち出し、政府部内の支出、地方交付税の配分、独立行政法人への運営交付金の交付等の執行を抑制した。合わせて国債価格の下落で損失を被る金融機関への政府・日銀による緊急支援も明記する必要があるだろう。こうして市場のパニックの鎮静化を図る。

第2段階は、増税と歳出カットで赤字の垂れ流しを抑えることだ。緊縮財政＝止血処置になる。緊縮財政の規模については危機の程度や経済状況によって幾つかのシナリオを設定する。政府は迅速に財政赤字の削減計画を作成して、市場（投資家ら）に示すことが求められる。国・地方を合わせた財政赤字の削減に向けた増税や歳出削減の項目とその順位を列挙する。無論、最低限の公共サービスは確保されなければならない。そこで、堅持すべき公共サービスも列挙しておくことが必要だろう。いわば公共サービスの「トリアージ」である。トリアージとは、災害で多数のけが人が発生した際に、緊急度や回復の可能性などに応じて治療の優先順位を付けることを言う。具体的には、必要最小限の防衛費と治安維持のための警察費、災害救助費などがあるだろう。医療の分野では救急、周産期医療・透析等が挙げられる。国や自治体が保有する未活用の不動産があれば、その売却も進める。

最後に、平常モードへの復帰を念頭に、市場からの信認を回復させるため中長期的に求められる財政ルールの枠組みを構築する。財政の持続性を担保するよう将来にわたって赤字を減らす歳出・税制改革のロードマップも示す。財政ルールは、トップダウンで総額を抑制するマクロの面と、政策評価を通じて予算配分のメリハリを付けるミクロの面からなる。こうした財政ルールが確立して初めて、財政の持続性への見通しが立ち、国債への市場からの信認が回復するだろう。

財政危機が起きるなど考えたくもないだろう。ややもすれば、「問題を解決する」一番安直な方法は、それが「問題ではない」と言い切ってしまうことだ。しかし、政府の債務を問題視しないことは本当に問題を解決したことになるのか考えた方がよさそうだ。

第四章　経済再生に向けた新陳代謝

1　日本のアルゼンチン化とワイズスペンディング

潜在成長率の低迷

政府は「経済成長なくして財政再建なし」を繰り返し強調してきた。その一環として、働き方改革や経済のデジタル化、中小企業等の生産性の向上など、様々な成長戦略を打ち立ててきた。しかし、それらが着実に成果を出し、日本の成長力を高めてきたとは言い難い。

一国の経済力は、需要サイドの消費や投資などを合計したＧＤＰで表されることが多い。一方、成長力は、供給サイドから見た一国の潜在的な生産量、「潜在ＧＤＰ」の増加率で評価される。

その潜在ＧＤＰは、一国経済が利用できる資源量、具体的には機械設備等の資本と労働力、及び経済の生産性（技術力）によって決まる。潜在GDPが、実際のGDPと一致しないのは、景気の動向に応じて設備の使用率や雇用が変わるからだ。景気が良ければ工場等の機械設備はフル稼働するだろうし、雇用も増える。他方、不景気のときは稼働しない遊休設備があったり、失業が出たりする。

マクロの需要不足「デフレ・ギャップ」は、潜在GDPと実際のGDPとの乖離に等しい。GDPには、経済活動が生み出した付加価値を単純に合計した名目GDPと、そこから物価の変動の影響を除いた実質GDPがあるが、潜在GDPも実質ベースで計算される。

仮に今年のGDPの名目額が550兆円として、そこに10%のインフレが生じたとしよう。名目額は10%の55兆円増加する。しかし、インフレとはモノやサービスの値段が上がるだけで、生活水準が変わるわけではない。短期の景気に左右されない一国経済の中長期の実質成長率が、潜在的成長率でもある。

その潜在成長率が低迷してきている。日本銀行、内閣府がそれぞれ試算を出しているが、いずれの試算でも1980年代以降、低下傾向にあり、2000年代からは1%に届かない。かつての高度成長は昔の話、成長力が乏しいのが我が国の実態だ。

4-1　日本の潜在成長率

	内閣府	日本銀行
1980年代	4.26	4.07
1990年代	1.91	2.01
2000年代	0.63	0.74
2010年代	0.59	0.54

注：1980年代の数値は、内閣府は1981年度以降、日本銀行は1983年度以降のもの

低い潜在成長率の要因の一つが、少子高齢化による労働人口の減少だ。働き手が減れば生産活動が滞るのは当然だろう。実際、高齢化の著しい地方圏では建設、介護の分野を含めて労働力不足が深刻になっている。この問題への対処としてはしばしば移民の受け入れの是非が論じられる。後述する通り、政府は外国人労働者の受け入れに積極的になってきている。もっとも、物価の上昇に比して賃金が低迷したり、円安が進んで送金するにも母国での価値が低下したりするようであれば、仮に移民の受け入れに政府や世論が前向きになっても、当の外国人労働者からは「選ばれない国」になってしまうかもしれない。

また、最近、回復基調にあるとはいえ、投資＝資本ストックの伸びも長年芳しくはなかった。投資は、短期にはマクロの需要を構成するが、中長期的には生産要素という顔を持つ。これらは「鶏と卵」のような関係がある。企業がこれから高い経済成長が見込めないと考えて投資を躊躇《ちゅうちょ》すれば、そういった企業の投資が低迷するために全体の経済成長率も上がらない。

なお、第二次安倍政権のアベノミクスで景気が上向いてきた２０１４年4月に、消費税を5％から8％へ増税したために景気が後退したとの批判があるが、見方を変えれば増税に耐えられるだけの体力が日本経済についてなかったともいえる。8％から10％への二度目の消費税率の引き上げは、19年10月に実施されるまで二度にわたって先送りされたものの、その間に経済の体力が高まることはなかったように思われる。

日本の低い潜在成長率は、コロナ禍で露呈したデジタル化の遅れにも要因があるだろう。政府は国民へコロナ給付金として「一律10万円」を支給した。その申請方法は、郵送と、マイナンバーカードを使ってのオンラインがあったものの、給付を行った市町村の現場は大きな混乱をきたした。この混乱の原因は、平時からオンライン申請を活用してこなかった国民や自治体等の不慣れが根本にある。実際のところ、コロナ禍以前から、経済・行政のデジタル化やテレワーク、遠隔授業、オンライン診療などが求められていたが、遅々として進まなかったため、コロナ対策でも、お隣の韓国や台湾などに遅れを取った。


日本はこれらの問題を抱えているにもかかわらず、経済成長への楽観論は消えていない。第二章でも述べたように、内閣府の試算には、本来は成長戦略の目標として掲げた名目成長率3％（実質2％）の「成長実現ケース」がある。目標だったこの数値は、いつしか財政の議論の「前提」になり、高い成長が実現すると財政再建も自ずと達成されるという主張にすり替わっている。目標数値が独り歩きして、痛みを伴う構造改革には否定的になってきた。こうあってほしいという「願望」がいつの間にか「確信」に変わる典型例ともいえよう。

実際、成長への楽観は財政への安心材料の一つにもなってきた。これが「ドーマー条件」

4-2　債務残高の変化〔ドーマー条件〕

今期末の債務残高（対GDP）－前期末の債務残高（対GDP）

≒ 基礎的財政収支（PB）赤字 ＋（金利－成長率）× 前期末の債務残高（対GDP）

基礎的財政収支（PB）赤字 ＝（政府支出－税収等）

で、成長率が金利を上回るなら、基礎的財政収支（プライマリーバランス）が一定程度赤字であっても、債務残高対GDP比を身の丈を超えて際限なく上昇させない限り財政は持続可能になる、というものだ。

しかし問題は、ドーマー条件に見合う高い成長が日本で当然視できないことにある。「潮目」が変わって金利が上昇すると低い成長のままでは財政の悪化に歯止めが掛からない。

日本のアルゼンチン化

もちろん、国家としての日本が貧しくなったわけではない。日本は現預金・株式等を含め約2000兆円を超える家計金融資産を抱えている。これは過去の成長の果実といえる。ところが、その金融資産の多くは国債等の安全資産に充てられており、将来の成長のために活用できていない。現在は資産（＝ストック）に恵まれていても、それがいわば「生き金」になって、将来の成長（＝フロー）に繋がらなければ、いずれ経済はジリ貧になってしまうだろう。

ノーベル経済学賞受賞の経済学者のサイモン・クズネッツは1960

年代に、「世界には4種類の国がある――先進国、途上国、日本、アルゼンチン――」と評したという。ここで日本は当時、急速な工業化と高度成長を実現した国として紹介されている。他方、アルゼンチンは「先進国だったが衰退した国」と位置付けられる。

実際、アルゼンチンは、第一次世界大戦前は世界で十指に入る豊かな国で、1910年の一人当たり国内総生産(GDP)は英国の8割でドイツを上回っていた。しかし、1930年代の世界大恐慌で主力産業だった小麦などの一次産品が低迷するとアルゼンチンは保護主義による工業化に踏み出した。その政策の失敗と政情の不安定が長期にわたる低落傾向をもたらしたとされる。

かつて日本は「経済一流、政治は三流」と揶揄《やゆ》されてきたが、今や一人当たりGDPのランキングは2022年には31位まで低下し、既にOECD平均を下回っている。日本経済は、もはや一流ではないのだ。高齢化・人口減少という構造問題から日本経済が「アルゼンチン化」するのは決してありえないことではない。

仮にデフレやカネ余りが解消されないならば、赤字のままでも財政は持続するかもしれない。しかしその場合、家計や企業の現預金は財政赤字に充てられ、成長分野に回らないという意味で「死に金」に等しい。同時に、政府が財政赤字＝新規国債を出して家計・企業等に繰り返し給付を行っても、社会保障の持続性など、将来不安から貯蓄に積み上がるだけかもしれない。MMT（現代貨幣理論）論者からすれば、こうした政府支出が貯蓄増を生み出したことになりそうだが、その貯蓄は財政赤字＝新規国債の原資になるだけで新たな投資など何かを生み出しているわけではない。経済活動は活性化せず、賃金も低迷したままになりかねない。第三章で述べた財政破綻が「顕在化した危機」とすれば、徐々に地盤沈下する「静かな危機」といえるだろう。

　危機が顕在化しないまま、徐々に貧しくなっていくのは、人によっては、居心地が悪いものではないのかもしれない。経済力の低下に伴う

4-3　GDPの国際比較

●名目GDPの推移

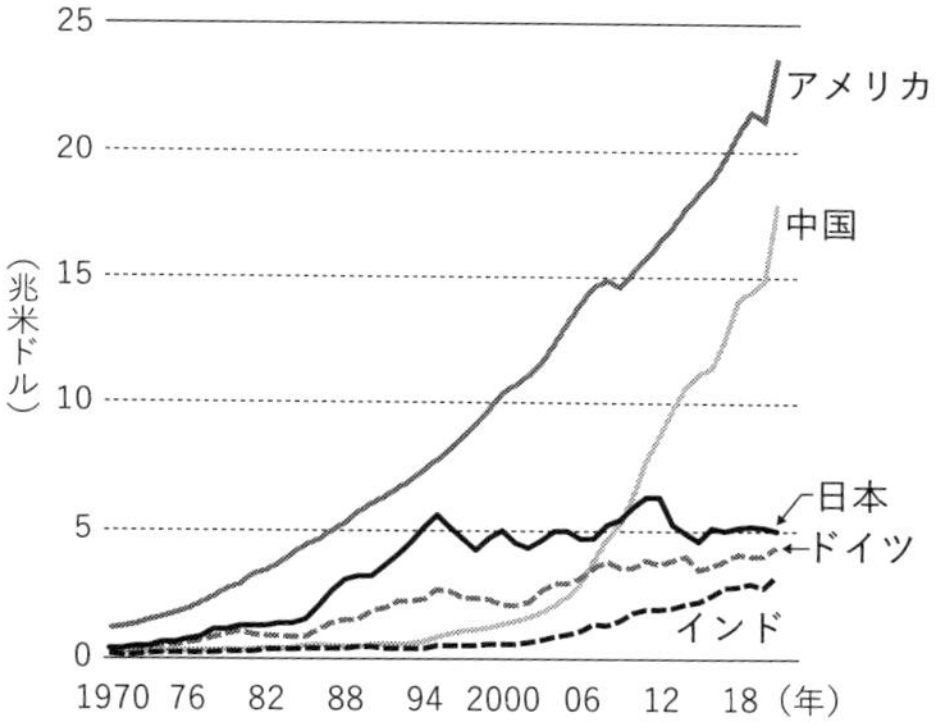

●一人当たり名目GDPの順位の変化

2000年		2022年	
2位	日本	7位	アメリカ
5位	アメリカ	21位	ドイツ
11位	イギリス	23位	イギリス
19位	ドイツ	24位	フランス
21位	フランス	31位	日本
35位	韓国	34位	韓国

出所：財政制度等審議会・財政制度分科会資料（2023年４月14日）

円安の進行は、輸出産業や観光業にとっては、むしろ好ましい。他方、円安で輸入物価が上昇すれば、インフレとなり、賃金が伸びない家計の生活を更に圧迫する。

つまり経済の「ジリ貧」は、輸出企業など利益を得るグループと、一層貧しくなるグループとの間での格差を拡げて、ひいては社会の分断にも繋がる危険もある。

需要から供給へ

日本経済の問題点を指摘してきた。ではどう対策するか？

マクロ需要増に偏った財政運営を、供給サイドに転換することである。これは内閣府経済財政諮問会議の特別セッション（２０２３年）の中で、新しい経済政策の考え方として取り上げられた「現代サプライサイド経済学（Modern Supply Side Economics、以下、ＭＳＳＥ）」でもある。

元々は２０２２年１月の世界経済フォーラムで、イエレン米財務長官がバイデン政権の経済政策として命名したもので、具体的には潜在成長率の引き上げや労働供給の拡大、インフラ・教育等の改善推進を内容とする。「現代」版と称されるのは80年代、米国レーガン政権時の経済政策の指針であった「伝統的」サプライサイド経済学と区別しているからだ。

伝統版は減税と規制緩和を軸に民間主導で経済が成長すれば、投資家など富める者の利益は自ずと中低所得層に行きわたる「トリクルダウン」が起きるとした。

他方、MSSEではデジタル化やスタートアップ企業の育成、労働者の技能増進等、生産性の向上に向けた取り組みに政府が一定の役割を担い、合わせて所得格差の是正を行う。イエレン長官によれば「我々の新たなアプローチは、既存のサプライサイド経済学よりもはるかに有望」という。なお、同じ政府介入でもMMTがマクロ経済の需要規模を重視する一方、MSSEの主眼は供給サイドとその生産性の向上にある点で、両者は決定的に異なる。

第二章でも触れたが、景気は短期的な、成長は中長期的な経済のパフォーマンスを指す。そこで経済政策も、消費・投資を含む需要側に影響する短期の景気対策と、供給側を増進する中長期の成長政策に区別される。

標準的なマクロ経済学の教科書では、成長の源泉を、労働力の増加、資本の蓄積、生産性の向上とする。需要の喚起ではない。ところが、デフレ経済が続いた日本では、需要が供給を下回るデフレ・ギャップを解消するよう、政府支出の拡大など需要の喚起に経済政策が偏ってきた。確かに供給＝成長戦略が無視されていたわけではないが、掲げられた成長戦略の下、実態は需要をテコ入れする景気対策に、「規模ありき」の政府支出だったことは否めない。

例えば、政府は研究開発（R＆D）税制で企業のR＆D（研究開発）を支援してきた。R

&Dは新たな技術や製品といったイノベーションを創出し、成長の原動力となる。しかし、そのR&D税制の成果は、R&D投資額がどれくらい増えたかによって強調されがちだ。投資自体はマクロ経済でいえば需要側に過ぎない。投資が増えても、成果に欠ければ成長に繋がらない。MSSEの観点から問われるのは、実際にどのようなイノベーションがあって、成長力を高めたかである。

「賃上げ」にしても、賃金を上げて消費を喚起するだけならば、先の需要政策に過ぎない。労働参加や生産性の改善を促さなければ、供給に働きかけたことにならない。これらを改めて、財政政策の目標を中長期の成長率の引き上げにおくことが望ましい。

同様の問題が、我が国の安全保障にもいえる。建設国債が橋梁や道路の建設などの公共事業に充てられるのと同様に、次の世代に祖国を残すために必要な防衛予算として「防衛国債」を恒常的な財源とすべきとの主張もある。ただし、防衛と公共事業とを同一視することは「軍事ケインズ主義」に陥りかねない。軍事ケインズ主義とは、直接的な戦争も含め、武器や軍需品に巨額の公共支出を行うことが、公共事業と同様にマクロの需要を喚起して雇用や景気の底上げに寄与するという主張である。これは防衛力の強化の経済効果を需要サイドからみたものだ。

他方、中長期の経済成長を考えるならば、軍事偏重の需要喚起ではなく、軍事と民生双方

4-4 「需要サイド」と「供給サイド」の経済政策

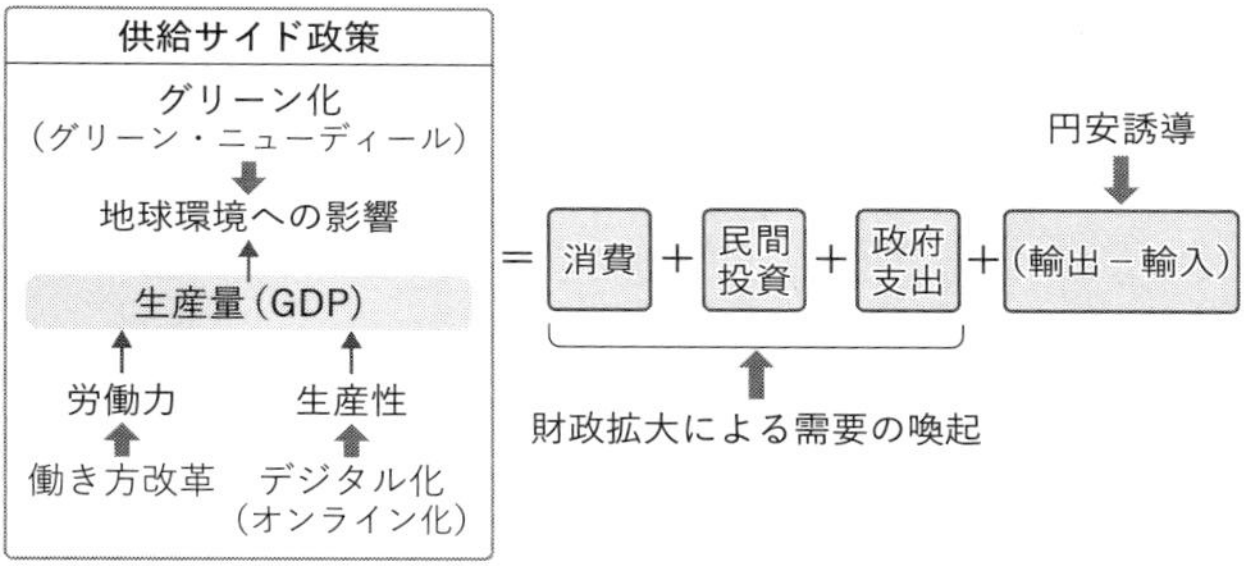

での技術活用を念頭においた軍民両用、デュアルユースの促進が望ましい。これは既に実用化されていて、身近なものとしてインターネットやGPS（全地球測位システム）などが挙げられる。つまり重要な事は、取り組みを供給サイドの生産性向上に繋げて、中長期的な経済力（成長力）を高めることだ。強靱な経済があってこそ、防衛も持続可能になろう。

日露戦争や昭和恐慌を乗り越えた高橋是清は昭和9年、6度目の大蔵大臣時に、「国防と一国の、この国の経済との調和を取らなければならぬ」と発言した。この調和がなければ、防衛も持続可能にならない。その後日本は、経済実態に見合わぬ大型の戦艦大和を造ったが、国民・経済が疲弊した戦前のような事態は避けるべきだ。

ワイズスペンディングに向けて

足元の経済は既にデフレが解消しつつある。日本銀行によれば、日本経済の「需給ギャップ」(需要と供給力の差)が2023年4〜6月期にマイナス0・07%だった。内閣府の推計でも同時期プラスに転じている。

繰り返すが、今後は、需給ギャップの解消(需要の喚起)から、技術革新の促進や労働参加率の向上などサプライサイドに財政政策の目標を転換することが望まれる。そして、財政出動する際も、大切なことはその量ではなく、予算配分にメリハリを効かせて成長に資する分野に重点化させる「ワイズスペンディング」である。

ワイズスペンディングとは、直訳の通り、賢く支出すること、財政支出の中身を精査して、より付加価値を生み出す支出に重点化していくことをいう。個々の事業の是非というよりも、予算全体を俯瞰して評価する。必要性・有効性の低い支出を見直した上で、政策の優先順位を明らかにするのである。生産性の向上にしても、効果の高い分野に予算を重点化させる。また、子育て支援として児童手当(現金給付)を拡充するなら、同じ子育て関連のほかの事業、あるいは医療・介護を含む社会保障サービスの中で見直しを行う。

関連して政府・地方自治体内では、「EBPM(Evidence Based Policy Making)」の機運が高まっている。これは、政策を客観的なデータと検証、証拠に基づいて立案したり、結果に応じて改定したりするものだ。

今までの政策は、局所的な事例や体験が重視されてきたきらいがあった。経済や社会の環境が変化したにもかかわらず、慣行的に続けられてきたために見直しの進まない政策・事業も少なくない。それらを打開すべく、行政事業レビューや政策評価のような制度も設けられたが、現場での活用が進んできたとは言い難い。

これを妨げているのは、我が国の官僚・政治家の無謬性《むびゅうせい》だろう。自分達の政策には誤りはない、あっても認めないため、一旦政策が成立すると、それが無駄だとわかっても、それを見直したり止めたりするのが難しい。逆もまたしかりで、無謬性があるために、あらかじめ止められないことが予想されると、実験的な政策も打ち出しにくくなってしまう。

メディアや国民の姿勢も問われなければならない。政府への批判は短期的な結果ではなく長期的な視点に拠るべきだ。メディアや国民が目先の成果を求めれば、政治の「近視眼化」が起きたり、目先の予算＝金額を重んじたりする。その結果対策は「規模ありき」になり易い。政策には誤りが伴うことを受け入れ、検証と見直しを徹底させることがワイズスペンディングへの第一歩といえる。

2　成長の担い手をどう育てるか

政府の役割

財政の役割を端的にいえば、市場経済の健全な働きを支えることである。社会主義体制でもない限り、政府が生産活動や市場の機能そのものにとって代わることはできない。

序章にあった通り、財政の機能（役割）は大きく三つに分けられる。一つ目は「資源配分機能」で、インフラ整備（公共事業）や、環境問題などいわゆる「市場の失敗」を矯正する。二つ目は「所得再分配機能」で、所得格差を是正する。三つ目は「経済安定化機能」で、景気対策がこれにあたる。

インフラ整備や、教育・基礎研究は、経済の成長を資するにもかかわらず、市場メカニズムでは十分な資源が投下されないため、政府が担う。インフラ整備の公共事業は景気対策として行われたりするが、本来は人々の生活や企業の生産活動の基盤を支える「資源配分機能」にあたり、将来の成長に繋がる。前述のMSSEも、政府の資源配分機能を重視したものといえよう。無論、市場経済への政府の介入の「程度」については意見の分かれるところだ。MMTは、消費・投資等、民間の需要が慢性的に不足することを前提に、政府がその需要を埋めるという意味で「大きな政府」を志向する。他方、政府の活動を防衛や治安の維持など必要最小限に留めるべきとする夜警国家、「小さな政府」を志向する人々もいる。

昨今の日本に鑑みると、岸田政権が打ち出したように、「新しい資本主義」として経済成長・格差是正に向けて、政府の果たす役割への期待が高まっていると言えそうだ。政府は「市場だけでは解決できない、いわゆる外部性の大きい社会的課題について」新たな官民連携で解決を目指していくとする。ただし、両者の役割分担は必要だろう。「成長と分配の好循環」を図るならば、税制・規制の見直し、DX化の推進などで政府が経済を後押しすることはあっても、「好循環」を実際に回すのは民間のはずだ。つまり、持続的な成長の担い手は民間であり、政府はその側面支援に徹することだ。「経済成長なくして財政再建なし」のところが「財政出動なくして経済活動なし」では本末転倒だろう。

新しい担い手

中長期的に成長を支えるのはイノベーションを通じた生産性の向上だ。技術革新とも訳されるが、新たな技術の創出、発明だけがイノベーションではない。既存の技術を「結合」させた新たなビジネスモデルを生み出し、市場を開拓するのもイノベーションである。

では誰がイノベーションの担い手なのか？　経済学の巨人シュンペーターはそれを「企業

家」とした。企業家はイノベーションを通じて新たな市場を開拓するとともに、経済成長の原動力になる。資本主義は企業家に「信用」つまり資金提供することで経済の発展を促すことができる。ただし、企業家は属人的なものではなく、機能であることを強調する。つまり、イノベーションを果たすときだけ、企業家でいられるわけだ。生涯を通じて企業家であり続けるものは少ない。

経済政策を考える上でもこの観点は重要だ。日本では成長戦略として長らく中小企業や農業の生産性・競争力の向上が図られてきたが、その内容は、既存の中小企業の経営者や農業従事者への支援、つまり属人的なものが多かった。しかし、先の企業家の定義を再確認すれば、成長の担い手の「新陳代謝」つまり、参入と退出があって良い。政府も、「企業の参入率・退出率の合計（創造的破壊の指標）が高い国ほど、一人当たり経済成長率が高い」、特に「若い企業（スタートアップ）の方が付加価値創造の貢献率が高い」ことを織り込んで政策の指針としている（「新しい資本主義のグランドデザイン及び実行計画」2022年6月7日）。

ところが日本は、この新陳代謝が進んでいない。4-5にあるように、コロナ禍前の2019年の廃業率は、日本が3・4%である一方、米国は8・5%、英国10・8%である（中小企業白書2022年版）。開業率も日本は4・2%に対して、米国が9・2%、英国が13%（2019年）となっている。低い開廃業率は生産性の低い企業が市場に留まっていることを

4-5　開廃業率の国際比較（2019年）

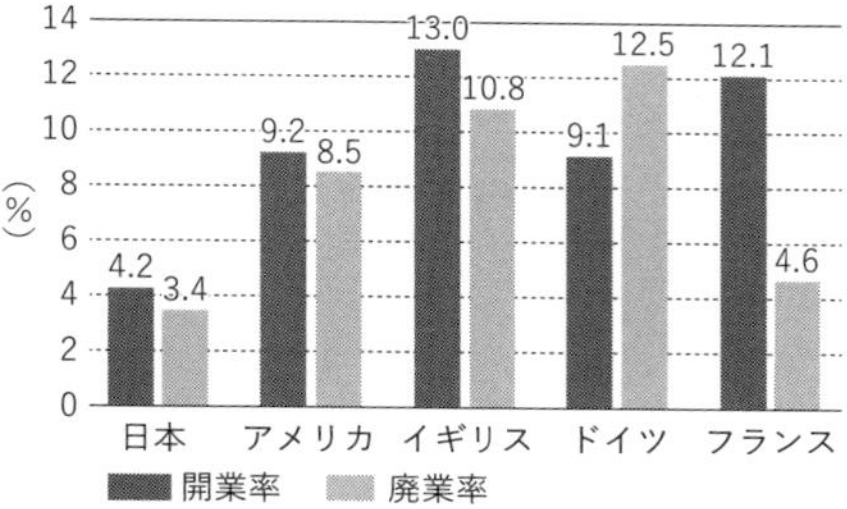

出所：中小企業白書（2022）

示唆する。これは資源配分の問題でもある。労働力や資本が収益性の低く競争力のない産業や地域に多く配分されているならば、限られた資源を有効に活用できていないということになる。結果としてマクロの生産性も低くなる。

政府も無策だったわけではない。中小企業法第3条は「独立した中小企業者の自主的な努力が助長されること」を旨とし、足腰の強い中小企業を育成するべく、生産性・競争力の向上を図ってきた。しかしその中身は、既存の中小企業の経営者や農業従事者への支援が多くを占め、残念ながら競争力を強化し、自立を促すよりも、補助金に依存する体制になりがちである。

例えば、中小企業の生産性向上の支援として「ものづくり補助金」がある。2021年度からの直近3年でみると、採択事業者のうちの15%が過去にもこの補助金を受け取った実績がある（財政制度等審議会資料（2021年11月1日））。リピーターが多くなるようでは、「補助金ありき」の経営体質を助長することにもなりかねない。

一般的に、公共政策は「経済政策」と「社会政策」に区別される。

経済政策とは、企業等の生産性・競争力の向上を図るもので、財政の資源配分機能にあたる。その目的は限られた資源の効率的な配分であり、中長期的には経済成長の促進となる。一方、社会政策は、低所得者・社会的弱者を保護し、再分配機能にあたる。

日本の公共政策は、先の中小企業支援しかり、経済政策と社会政策が混同されてきた。中小企業者の「自主的な努力が助長されること」を目的とするなら、それは経済政策として確立されなければならない。しかし、その実態は競争力の乏しい、さもなければ市場で淘汰されるような企業への保護になっていることも少なくない。政策の「入口」は生産性向上＝経済政策でも、「出口」は既存の中小企業の保護＝社会政策だったりするわけだ。その背景には、日本経済の雇用の7割程度、付加価値の5割以上を占める中小企業・小規模事業者を下支えする目的があった。確かに企業は、雇用という形でセーフティネットの機能を担ってきたのは事実である。しかし、本来セーフティネットは国の責任であるべきである（第六章で詳述）。

また、政策の決定・実施にあたっては「現場」の意向が重んじられる傾向がある。しかし、現場は既存の担い手によって占められており、彼等は、自分達「ムラ社会」の既得権益を優先しがちだ。シュンペーターのいう、本来の企業家として成長の担い手といえるかは疑問が残る。

実際、農業では法人企業の参入を「よそ者」として拒む風潮が続く。医療分野でも、IT事業者が禁煙など治療用アプリ、プログラム医療機器の開発・販売等に参入しようとするが、これを難しくする規制が立ちはだかっている。新しい社会課題の解決を成長のエンジンとするならば、それを新しい担い手に委ねても良いはずだ。スタートアップなど新興企業こそが企業家としての役割、イノベーションを果たしうる。

新陳代謝を進める

既存企業を優先する風潮はコロナ禍でも変わりはなかった。

政府は雇用調整助成金で雇用を維持しつつ、企業に対して実質無利子・無担保の「ゼロゼロ融資」で企業に資金供給を施してきた。更に、一定の要件は課されるが、返済負担軽減のための新たな信用保証制度として「コロナ借換保証」も始めた。

その副作用がいわゆる「ゾンビ企業」の増加である。ゾンビ企業とは、国際決済銀行の定義では、3年連続でインタレスト・カバレッジ・レシオ（借入金等の利息の支払い能力を測る指標）が1未満、かつ設立10年以上としている。つまりは、本来は退出すべき企業が、各種の政策で生きながらえている問題だ。

帝国データバンクによれば、「ゾンビ企業」は2022年度に25万1000社に上った。調査の始まった2007年度以降、東日本大震災があった2011年度に次いで2番目の多さになる。こうしたゾンビ企業は一旦、政府の支援がなくなると倒産に至る。実際、新型コロナがインフルエンザと同じ5類に移行した2023年5月以降、公的支援の縮小やゼロゼロ融資の返済の本格化を受けて中小企業の倒産件数が増えてきた。

振り返れば1923年の関東大震災直後、日銀は震災の影響で決済困難となった「震災手形」を銀行などから再割引して買い取り、民間の企業や銀行の資金繰りを支援しようとした。日銀の損失は、政府が一億円まで補償することになっていた。ところが実際には、震災以前の1920年の戦後恐慌から経営が悪化していた企業の不良手形が大量に持ち込まれた。これが、1927年の昭和金融恐慌の原因となる。震災手形の処理に政府・日銀が手間取る中、不良債権化する震災手形で台湾銀行や東京渡辺銀行などの金融機関の経営危機が明るみに出て、銀行の取り付け騒ぎが全国に広がっていったのである。

このように中小企業の延命策は、かえって産業の新陳代謝を阻害しかねず、マクロ経済にも悪影響を及ぼすかもしれない。

前向きな廃業も重要

日本の中小企業支援は、いずれも事業等を「続ける」ことが中心になっている。一方で、中小企業の経営者は高齢化しており、後継者の確保もままならないため、コロナ禍を機に「廃業」を考えたり、決断したりする経営者も増えている。２０２５年には、70歳を超える中小企業の経営者は約２４５万人、うち約半数の１２７万人が後継者未定とされる。廃業するのも容易ではないが、その支援は乏しい状況だ。

中小企業庁の調査によれば、廃業にあたっては主に生活資金や債務の返済など廃業に関わるコストに対して多くの経営者が不安を抱えているという。廃業に必要な様々な手続き等について専門的なアドバイスも十分受けられていない。産業の新陳代謝の促進を図る観点からも、廃業の障害を緩和する措置を講じることが求められる。

これに関連して、政府は「私的整理円滑化法案」を国会に提出している。これまでの「私的整理」は債権者全員の同意が必要だったが、企業再生を円滑にするべく、債権者の多数決決議と裁判所の認可によって債務整理を可能にするという。合わせて廃業時のセーフティネットも整備することが望ましい。

その一つとして、小規模企業の経営者向けの退職金制度である「小規模企業共済制度」がある。民間でも早い時期での自主廃業を支援する「カーテンコール融資」のような取り組みもある。これからの施策としては、廃業を選択した事業者に、事業年数や過去の売上等を基準に一括で給付金を与えても良い。このように事業の継続と廃業の選択に中立的な支援のメニューを提示していくことが肝要といえよう。

なお、技術を継承していくことが必要な事業もあるだろう。廃業してしまっては、せっかくの有用な技術が失われるかもしれない。実際、東京商工リサーチ（2019年）によると休廃業・解散企業の6割は当期純利益が黒字だったという。こうした企業は一定の技術力があったことが窺える。そうであれば、第三者への事業の承継、あるいは譲渡（M&A）を進めることが重要だ。

「新たな担い手」の育成

産業の新陳代謝に欠く日本は、カネ余りに加えて「カネ詰まり」の状態で、成長分野への移動（再配分）が進んでこなかった。経済成長に必要なのは既存の事業者の保護ではなく、スタートアップ企業等、「新たな担い手」の育成だ。

これまでの金融機関は、企業に資金を融資する際に、貸し倒れの損失リスクを抑えるべく、回収が容易な不動産を担保にした融資に頼ってきた。つまり、融資の基準はモノだった。その結果、デフレで地価等の担保の価格が下落すると企業の資金調達が困難になり、設備投資や技術革新が進まなくなる。加えて、事業の成長性を判断して融資する「目利き力」が磨かれなかったとも言われる。しかし、知的財産など無形資産が増える昨今のデジタル経済において、経済の成長に寄与するのはモノではなく人材＝「ヒト」であろう。新興（ベンチャー）企業の成否を決めるのも、経営者の能力だ。よって、モノ＝担保に代えて人材＝ヒトへの評価に基づく資金を提供する仕組みの構築が望まれる。

そこで政府は、特許や顧客基盤、ブランドなど無形資産を含めた事業価値全体を対象とする「事業成長担保権」の創設に乗り出した。また、起業・創業の阻害要因は、先の担保に加えて、経営者の「個人保証」が求められることと指摘されてきた。個人保証とは融資を受ける際に経営者が連帯保証人となるものだが、倒産時に経営者個人の財産が差し押さえの対象となるリスクが出てくる。そこで政府は経営者保証を不要とする創業時の新しい信用保証制度「スタートアップ創出促進保証制度」を２０２３年３月から開始した。

税制面の支援も行われている。スタートアップ企業への投資を一定額控除する「オープンイノベーション促進税制」がその一つだ。大企業等がスタートアップ企業の新規発行株式を一定額以上取得する場合、株式取得額の25％に対して所得控除が認められる。余剰資金を抱えた大企業からスタートアップ企業へ資金が移転されることで、カネ詰まりの是正が期待される。更に、23年度税制改正では個人投資家が得た株式売却益をスタートアップ企業に再投資をすれば最大20億円まで非課税になる措置が講じられた。

我が国の経済政策は、ややもすれば補助金を使った既存の事業者の保護に重きが置かれてきた。しかし、コロナ禍後の「新しい」経済環境において成長を担うのは「新しい」担い手である。彼等の新規参入を阻害する「ムラ社会」志向の規制や不動産担保や個人保証に偏った融資の慣行を見直して、「新陳代謝」が進む環境を整えていくことが喫緊の課題といえる。

3　失業なき雇用の流動化へ

雇用の流動化

コロナ禍で雇用を守るために政府が多用したのが「雇用調整助成金」だった。元々、景気の後退など、経済上の理由で事業活動の縮小を迫られた場合、従業員の雇用を維持して休業手当を支払う雇用主を助成する、賃金の支払いを確保する仕組みである。政府はコロナ禍の2020年4月以降、この雇用調整助成金の支給要件の緩和や1日当たりの上限額（通常、8330円）の引き上げなど特例措置を実施してきた。これらの特例措置は2023年3月に終了した。支給額は、6兆8000億円に上り、その約3割となる2兆1億円を国が負担した。

厚労省は雇用調整助成金の支給で、2020年4〜10月の完全失業率が2・1ポイント程度抑制されたとする。一方で、約3年と長引いた雇用の下支え策は生産性の高い分野への「労働力の円滑な移動を阻んだ」という批判も少なくない。本来は、コロナ禍を契機に人手が過剰になった産業から、人手不足にある産業への労働移動があってしかるべきだった。

日本では企業収益が改善しても賃金の上昇に結び付いてこなかった。政府はこの状況を打開すべく、インフレ率を超える賃上げを経済界（雇用主）に要請してきた。労働者への分配をコストではなく未来への投資と考えるわけだ。しかし、この賃上げ圧力も、労働の移動（流動化）があってこそ高まるものだろう。雇用主は労働者を引き留めるためにも、その貢献に見合うだけの賃金を払うことを迫られるからだ。

企業は雇用という形で労働者にセーフティネットを提供してきた。しかし、雇用の保証と引き換えに賃金水準が抑えられ、雇用の流動化が進まなかったことも否めない。本来は、労働者の失業を許容する一方で、生産性の低い部門から高い成長部門への移動を活性化させることが望ましい。実際、北欧の労働政策は「フレクセキュリティ」として知られ、従業員の解雇を容易にする一方、手厚い失業手当や充実した職業訓練等を施して彼等の移動を助けている。

一方、少しずつではあるが、日本でも変化が見られる。ヒトへの投資の一環として「自己都合」で失業したときの失業給付金を迅速に支給するなど転職しやすい環境を整え、成長産業への労働移動を促す方針が打ち出されている。また、「リ・スキリングによる能力向上支援、個々の企業の実態に応じた職務給の導入、成長分野への労働移動の円滑化の三位一体の労働市場改革」を推し進めることで「構造的な賃上げ」に繋げ、「労働移動に対する不安感等を徐々に払拭する」という。

しかし、日本では一時的にでも失業することへの抵抗感が根強く、失業せずに雇用流動化」を求める傾向がある。そこで政府は、コロナ禍では新たに過剰雇用を抱えた企業からの出向を支援する「産業雇用安定助成金」を創設していた。対象の労働者はあらかじめ契約で定められた出向期間が終了すれば出向元企業への復職が保証されているのが特徴だ。いわば人材のレンタルで雇用の流動化と維持を両立させる政策である。

実際、コロナ禍で業績が悪化した航空会社は人手が不足している他業種の企業に社員を出向させた。ANAホールディングスでは半年間から2年の期間で出向する社員の数がおよそ750人、日本航空も短期を含めて1日平均でおよそ1400人の社員が外部で働いていた(NHK2021年4月3日)。こうした派遣は他業種への転職の契機になるだろう。大企業には余剰資金=カネも集中するが、有能な人材=ヒトも多くいる。こうした大企業は今後「人材バンク」としての役割を果たせるかもしれない。

失業なき雇用の流動化は、起業についてもいえる。日本では一念発起して起業する機運が乏しい。そこで出てきた打開策の一つが「出向起業」だ。出向起業では、大企業等の人材が職を保ったまま自ら起業したり、スタートアップ企業に出向したりする。新規事業が成功すれば正式に独立するが、失敗時には所属元の企業への復帰を認めることで起業のリスクを低減できる。政府も出向起業への支援を始めた（大企業人材等新規事業創造支援事業費補助金）。安定志向が強く失業を忌避する我が国において、人材レンタルや出向起業のような身分が保証された手法は失業を伴う雇用調整よりも馴染み易いといえそうだ。

人手不足をどうするか？

国立社会保障・人口問題研究所の将来推計人口（令和5年）によれば、生産年齢人口（15～64歳人口）は2020年の約7500万人から、2070年には約4500万人まで減少する。2000兆円に上る金融資産（うち現預金1000兆円超）を有する日本はカネ余りではあっても、人手が余ることは今後はなさそうだ。実際、東京商工リサーチの調査（2023年4月）によると、全国の企業全体の7割弱の企業が正社員が不足していると回答した。

人手不足はこの国の長年のタブーさえも破りつつある。これまで日本は、外国人労働者について、エンジニアなど一部の高度専門職のみ就労を認めてきた。ところが、政府は方針を大転換し、2019年4月に出入国管理法を改正し、人手不足の深刻な介護、建設業など14

の業種で外国人労働者の受け入れを拡大してきた。とはいえ、外国人労働者だけで人手不足が解消されそうにない。

ではどうするか？　デジタル化の推進に加え、量＝労働力だけでなく、質＝仕事の見直しが肝要だ。

その一つが、仕事の自前主義、丸抱えから、委託・連携に転換することだろう。例えば、学校の教員の長時間労働が度々問題になっているが、多くの時間を割いているのは授業やその準備ではなく、報告書類の作成や課外活動、子どもの親への対応など教育には直接かかわらない業務だ。そこで、教員が全ての業務を丸抱えするのではなく、事務職員や専門家をチームの一員として対処してもよいだろう。

医療も従事者の人手不足が問題となっている。そのためには、一つの病院が高度急性期医療から回復（リハビリ）まで全てを抱え込むのではなく、病院間で機能の分化と連携を進めることだ。また、医師・看護師・薬剤師の業種の垣根を越えて相互参入するタスクシェアも限られた人材の有効活用に繋がるだろう。

しかし、制度の「壁」があるために、こうした相互参入は難しい。これまで厚労省は医師、看護師、薬剤師といった医療従事者が各々の専門領域を守った上での連携を進めてきた。「連携」というと聞こえは良いが、あくまで互いの「縄張り」には入らないことを前提としている。先のタスクシェアについては、以前から筆者も参加してきた規制改革推進会議でも、医療従事者等の専門能力を最大活用して「人口減少・人手不足という供給制約の打破」をすべく繰り返し提言されてきた。しかし、在宅医療で、薬剤師は投薬など薬を処方・持参はできても、薬の交換などは医師や看護師でなければ行うことができない。採血も同様だ。技術的には安全性が担保できるケースであっても、医師法により薬剤師はその役割を果たせないでいる。逆もまたしかりで、薬剤師団体は自らの領域を侵されたくないために頑としてタスクシェアを認めない。

例えば、薬の袋詰め（一包化）など調剤の外部委託も反対論が根強い。規制改革推進会議ワーキング・グループで薬剤師の団体をヒアリングしたとき、同じ調剤薬局の中での互いに「顔の見える」関係でなければ信頼関係は築けないとの意見があった。しかし、市場経済の基本は「分業」した上での利益の追求にある。自動車産業は数万点超の部品を使うが、互いに顔が見える同じ工場の中で全てを調達しているわけではない。調剤の外部委託などは本来「分業」の利益に適うものだ。

いずれにせよ、人手が不足しているなら、タスクシェアや外部委託の形で互いの仕事を補い合うことが人々のニーズに即するばかりでなく、サービスや生産性の向上にも繋がる。人材を含めて限られた資源は有効活用が求められる。

第五章　21世紀の税制

1　税とは何か？

租税は文明社会の対価

世間では「政府の借金は民間の借金とは違う」と言われる。第二章でも述べた通り、政府が民間とは決定的に異なるのは「軍事権」と「課税権」を持つことである。そして、政府が家計や企業のように借金の返済を短期で求められないのは、政府が長期にわたって課税権を行使して元利償還に充てられるからだ。もっとも、軍事権は国民の生命と財産を守るという絶対的な目的があるが、課税権は本来、借金を返済するためだけに行使するものではない。

経済学の基本は「ただ飯はない（ノー・フリーランチ）」だ。防衛力強化や少子化対策に限らず、そのほか身の回りの公共サービス全てについていえる。道路や橋梁の整備、ゴミの回収、公民館や図書館の運営など、一見「無料」にみえる公共サービスも、当然に費用が掛かっている。各自治体が提供するサービスは、固定資産税・住民税といった地方税で賄われる。それでも足りない分は、国から自治体への補助金（交付税や国庫支出金）で埋められる。補助金の原資は、もちろん国税、例えば所得税や法人税などだ。保育所の整備や医療・介護といった社会保障サービスの財源になるのが消費税であり、社会保険料である。

米国・国税庁（IRS）の建物の入口に掲げられている通り、現代社会において「租税は文明社会の対価である」。英国17世紀の哲学者トマス・ホッブズは、税金を「公共の事業の維持と進行のための道具」であるとし、市民の安全や利益を確保するために政府が適切に税金を徴収することを重視した。ただし、税の決め方には社会的な合意が不可欠だ。18世紀の米国の独立戦争は、英国が米国の東部州に対して一方的に課税を行い、それに反発したことが契機になっている。当時のスローガンは「代表なくして課税なし」。仮に課税を行うのであれば、選挙で選ばれた代表者が集う議会の合意が必要である。

民主的な決定が担保されればこそ、税は国民の義務にもなる。日本国憲法第30条は「国民は、法律の定めるところにより、納税の義務を負ふ」とする。そして、日本国憲法第84条にもあるように、課税を行うには（国民の代表たる）議会の制定した法律に基づかなければならない。これを「租税法律主義」という。

租税の経済効果

18世紀の米国で活躍したベンジャミン・フランクリンは「人生に確実なものがあるとすれば、死と税金だ」と言った。どちらも避けることができないという意味である。しかし、できれば避けたいのが人間の心理だ。中国には「上に政策あれば下に対策あり」という故事がある。17世紀末の英国では、窓に対する「窓税」が作られた。しかし、人々は課税を避けようとして、窓を塞いでしまったという。古今東西、政府が課税を講じれば、民衆は税を逃れるべく様々な対策を編み出すものなのだ。「死」であれ、「税金」であれ、人々はありのままを甘受したりはしない。経済学ではこうした課税に対する人々の反応を「誘因効果」という。

課税はこの誘因効果を正しく織り込まないと、思いがけない副作用をもたらすことがある。ややもすれば、税を巡る議論は理念的になりがちだ。確かに「税金は、国民が社会の一員として暮らしていくための会費」で、「みんながより豊かで安全・安心な生活を送るため」にある。こうした理解が浸透すれば、増税への合意も取り付けやすくなるだろう。しかし、民主主義国家の有権者である国民が、政治的に合意した課税を、納税者（生活者）として受け入れるわけではなさそうだ。

特徴的な事例として、2011年のフランスがある。経済・財政危機を乗り越えるべく、ロレアル創業者の娘など一部の富裕層が「我々に課税せよ」と、特別貢献税の導入を提言した。これを真に受けたわけではないだろうが、当時のオランド政権は2013年から2年間の時限措置で年収100万ユーロ（約1億1500万円）を超える個人の所得税率を、40％から一気に75％に引き上げる案を示した。しかし、実際には増税を嫌う富裕層が隣国ベルギーなどの外国籍を取得する動きが相次いだ。

日本の「社会保障と税の一体改革」でも、同じだった。社会保障の安定財源を確保するための消費増税に賛同した国民も少なくないだろう。一方、増税への賛否によらず、一旦税率が引き上げられれば、誰しも税負担をできるだけ軽減しようとする。例えば、住宅や自動車などの高い買い物（耐久財）は、消費税の増税前に駆け込みで済ませてしまおうと思うに違いない。

消費税増税のような政治的な決定に関わる有権者としての国民と生活者としての国民の目線は違う。所得税であれ、消費税であれ、税自体は国民の稼ぎや蓄えを少なからず奪うものだ。よって、生活者としての国民は課税を逃れようと行動するのである。

更に厄介なことに、課税は「負担の転嫁」という形で経済全体に波及する。

法人税は制度的には利益を上げている法人企業が納める税だが、その税負担は生産コスト増として製品価格の上昇に繋がり、結果的に消費者の負担になるかもしれない。ブランド品など奢侈品《しゃしひん》への課税も、需要が減少すればブランド品メーカーやその下請け企業の労働者にしわ寄せが及ぶ。

つまり、儲《もう》けている企業や奢侈品を購入する富裕層への課税を「意図」していても、その「効果」(帰結)はほかの消費者や労働者の負担、つまり不公平になりかねない。これが税の怖いところだ。加えて税の影響は見えにくい。先のフランスと類似して、国内の法人税が高くなった場合、企業は海外に拠点を移転したり、国内の生産設備を減じたりするかもしれない。

その結果、課税がなければ実現したであろう雇用や生産活動が国内経済から失われることになる。経済学では、実現しなかったこの経済価値を「超過負担」あるいは「死荷重」という。しかし、超過負担は、企業の会計にも、国の予算にも明記されるわけではない。

同じことが消費税の軽減税率についてもいえる。現在、消費税率は10%だが、飲食料品には軽減税率の8%が適用される。外食産業でいえば、店内で食事するよりもテイクアウトする方が消費税は安くなる。コロナ禍もあってテイクアウトが新たなビジネスモデルになったとはいえ、外食から持ち帰りへの代替でレストランの「おもてなし」といったサービスの付加価値が損なわれかねない。

税の原則の一つに「中立性」がある。中立性とは、税が経済活動を可能な限り歪めないよう超過負担を抑えることをいう。この超過負担は目に見えるものではないが、中長期的には経済の成長などに影響を及ぼす。他方、「市場の失敗」を是正するように、税を使って積極的に経済に介入するケースもある。地球温暖化対策として導入されている炭素税（環境税）などはその例だ。ただし、原則はあくまで中立性で、市場経済への積極的な介入はあくまで例外とされる。

税の効果と認識されないまま、生活に溶け込んでいる例もある。

近年、空き家が急増している。総務省統計局の調査（２０１８年）によれば、全国の空き家の数は約８５０万戸（住宅の13・6％）に上り、今後も増加を続ける見通しだ。こうした空き家が増える理由として人口減少や高齢化の影響が挙げられるが、税制も無縁ではない。

現行の固定資産税は特例措置として小規模住宅（２００平米以下の住宅用敷地）への課税を6分の1に軽減している。しかし、もし空き家を取り壊して更地にすると、この特例が適用されない、つまり、固定資産税の支払いが6倍に跳ね上がる。ならば空き家のままで保有しようと考えるのが所有者（両親から家を相続したが居住する予定のない子ども世代）の反応（誘因効果）となろう。ここでは固定資産税が土地の用途（空き家か更地か）を歪めてしまっている。現在、政府は「空家等対策の推進に関する特別措置法」で、市町村が「周辺の生活環境の保全を図るために放置することが不適切な状態にあると認められる空家等」に関わる敷地については住宅用地特例の対象から除外できるようにしたが、その効果は定かではない。

我々の生活に影響したもう一つの税制が、発泡酒・第三のビールの普及だろう。日本の酒税の税率はその成分に応じて異なる。そこでビールメーカーは、税率が低く収まる発泡酒や第三のビールなどの開発に鎬《しのぎ》を削ってきた。確かにビールに比べてカロリーが控えめになるなど健康志向のニーズに応えた面もあるだろうが、一番の目的は、税を低くすることで値段を抑え、消費を伸ばすことだ。一方、ビールの高品質化が遅れ、世界のビール市場で日本のシェアが低迷したこと、国際的なビール業界の再編成から立ち遅れたことは否めない。そのためか定かではないが、ビール系飲料の税率差は2020年10月から段階的に縮小され、2026年10月には一本化することになった。

税は民主主義のインフラ

しかし、新聞、テレビなどの報道では、こうした税の効果への言及に乏しい。毎年、税制改正がなされ、4月には所得税・社会保険料など身近な税に変化がある。しかし、関心は専ら納税者の「損得勘定」に留まり、成長や雇用、賃金など、その経済的な効果にどのような影響があるのか言及が乏しい。また、増税が民間消費を損なうのではないかと、需要サイドから見た、つまり景気を重視したケインズ主義的な指摘はあっても、経済の生産性＝中長期的な成長力の観点からの議論には欠く。損得勘定は否定しないが、それはあくまで生活者＝納税者レベルの話で、主権者＝有権者として、税制がこの国の経済・社会に与える効果にもっと関心が払われてよいはずだ。しばしば税制を含む財政政策においてメディアも政治家も生活者目線を強調しがちだが、視点はもっと高く俯瞰《ふかん》的であってよいはずだ。

ソーシャル・メディアの普及とともに、論理より感情が優位になりがちに、熟慮を重ねるより条件反射的な主張が拡散しがちな状況である。「冷静な頭と温かい心」とは19世紀英国の経済学者アルフレッド・マーシャルの格言だが、税制については特に冷静な頭で、論理的思考と熟慮の上で理解されなければならない。

2　所得税と働き方の多様化

昭和スタイルの所得税

現在の課税は、所得税・法人税などの所得課税、消費税などの消費課税、相続税・贈与税や固定資産税（地方税）を含む資産課税が柱となっている。近年、世界的に税収に占める消費税（付加価値税）の比重が高まっているとはいえ、所得税は多くの国で基幹税になってきた。

所得税の歴史は古い。英国では、1798年にナポレオン戦争の財源確保のために所得税が導入された。米国も南北戦争の際に所得税が課されている。

日本の所得税は1887年から始まった。当時は給与所得の賃金や配当など所得の種類によって税率が異なる分類所得税だった。その後、1940年から源泉徴収が本格的に行われるなどして税制・徴税が整備されてきた。日本の所得税が現代の形になったのは戦後、1949年のシャウプ勧告を契機とする。以来、日本の所得税は「総合課税」を軸として形作られてきた。

総合課税とは、一年間の全ての所得を合算し、基礎控除を含む所得控除を差し引いて課税所得を算出、これに累進課税を適用するものである。租税理論的には包括的所得税論に基づく。しかし、実際のところ金融所得への課税については「税制の中立性、簡素性、適正執行の確保などの観点」から、比例税率による分離課税が導入されてきた。これはスウェーデンなど北欧諸国の二元的所得税に似た仕組みだが、北欧諸国で比例税が課されるのは、金融所得より定義の幅広い資本所得（事業所得を含む）となっている。その意味で日本の所得税は包括的所得税と二元的所得税の中間に位置付けられる。

近年、その所得税の公平性が問われている。実際、「一億円の壁」とも言われる通り、一億円以上の高所得者の負担率（課税額が所得に占める割合）が、それ以下の納税者の負担率に

5-1　所得税負担と「一億円の壁」

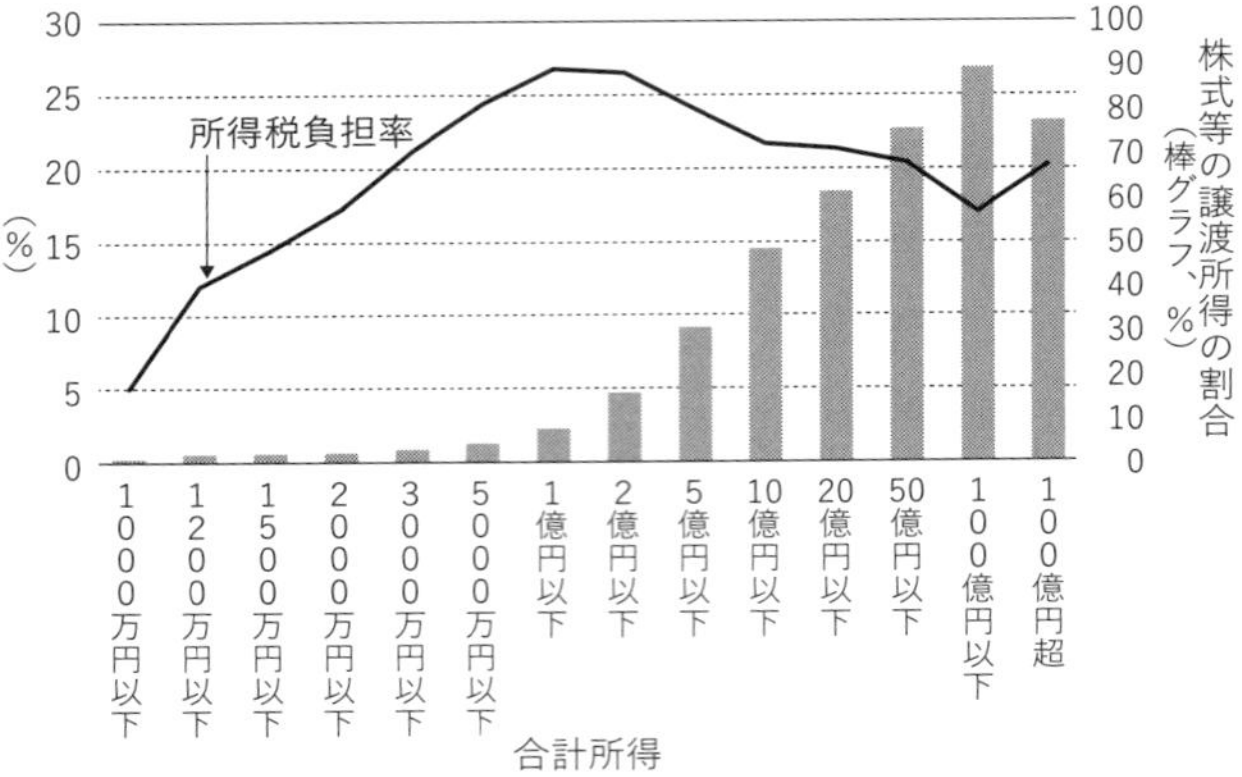

出所：申告所得税標本調査（令和２年）

比べて低くなってきている（5‐1参照）。所得税が富裕層を優遇する格好になっているのだ。その原因は先の日本型の二元的所得税にある。

所得・事業所得などが総合（累進）課税されるのとは異なり、金融所得は15％（地方税合わせて20％）で分離課税される。高所得者ほど株式売却益の所得に占める比率が高く、結果として税の負担率が低くなるわけだ。このため公平の観点から、金融所得課税の強化を求める声が高まってきた。政府はこれを受けて合計所得30億円を超える超富裕層を対象に、所得税の最低負担率を導入する方針を固めた。具体的には、税率22・5％を基準に通常の所得税額がこれを下回る場合、差額を追加課税する（もっとも対象者は200人程度に留まる見込みだ）。

ただし、金融所得課税の強化には留意すべきことが二点ある。

第一に、株式等の譲渡益は一時的な所得であることだ。仮に今年は株式や土地の売却で1億円の譲渡益所得があっても、それ以外の年の収入がゼロだったらどうだろうか。生涯ベースでみると、税を負担する能力、「担税力」が高いとは言い難い。一般に所得税は年間所得を担税力として累進課税するが、今年の高所得者が来年も同様とは限らない。ではどうするか？　譲渡益にも累進的に課税するならば、これを後年の所得に振り分け、平準化させることだ。例えば、今年譲渡益が一億円だったとしよう。平準化の期間を5年とすれば、今後5年2000万円の収入が生じたものとみなされる。

第二に、過度な累進課税は個人の資産形成の誘因を損ないかねない。そこで、富裕層の資産を成長に資する投資に回す工夫もあってしかるべきだろう。実際、23年度税制改正では、個人投資家が得た株式売却益をスタートアップ企業に再投資をすれば、最大20億円まで非課税になる措置が講じられた。つまり、高い所得を稼いでも再投資（社会への資金の還元）をする限り、課税は繰り延べられる。この仕組みを一般化させたのが「支出税」だ。支出税は所得から貯蓄（投資）を差し引いた金額を課税ベースとする。所得マイナス貯蓄は消費支出に等しいから、消費税に近い。

つまり、投資を続ける期間は課税されない一方、配当やキャピタルゲインなど収益が累積した資産を取り崩した（貯蓄がマイナスになった）時点で課税がなされる。他方、支出税は消費税とは違って、制度的には直接税にあたる所得税と同様に、累進的に課税することができる。今後、金融所得に対する課税を強化するなら、経済成長を阻害しないよう支出税のような発想を取り入れることがあってしかるべきだろう。

世界に冠たる源泉徴収

「痛税感」の強い消費税は例外として、税に対する国民の関心と理解が今一つ高まらないのは税の徴収方法にあるのかもしれない。日本の所得税の徴収は「源泉徴収制度」による。前述の通り源泉徴収は戦前の１９４０（昭和15）年に、「滞納の未然防止や納税の簡易化、納税者の捕捉などのため」始まった。

源泉徴収とは、雇用主（企業、官公庁、個人事業主など）が給与・報酬等を支払う度に所得税額を「天引き」することである。源泉徴収された所得税は翌月10日までに税務署に支払うことになる。給与・報酬が月払いとして、各人の毎月の源泉徴収税額は、社会保険料控除後の給与金額とその扶養親族の数などに応じて決まってくる。

ここで留意すべきは、源泉徴収があくまでも概算払いであることだ。課税所得から控除される配偶者控除や扶養控除は、配偶者の所得や扶養者の年齢、障害の有無などによって異なる。医療費控除や生命保険料控除、住宅ローン減税なども、源泉徴収の段階では考慮されない。このため一年当たりの課税所得の計算にあたり、所得税の過不足を精算する「年末調整」が必要になる。

源泉徴収の仕組みは、米国をはじめ諸外国にある。しかし、税額の最終的な調整は各個人で行う「確定申告」に拠ることが多い。一方、日本の特徴は、この年末調整にある。被用者(給与所得者)については企業などの雇用主が被用者から配偶者・扶養親族の状況や医療費・生命保険料などの情報を得た上で、最終的な所得税額の帳尻を合わせてくれる。そのため、被用者(給与所得者)は税務署に確定申告する必要がない。課税当局からみれば、毎年の確定申告書を受け付ける人員を節約できるメリットがある。他方、雇用主サイドには源泉徴収に加えて、年末調整の事務的な負担が生じる。

ただし、納税が源泉徴収と年末調整で完結するのは、個人が一雇用主のみから収入を得ているときに限られる。なお、被用者であっても所得の源泉が複数あるときは、確定申告が必要だ。また給与の年間収入金額が2000万円を超える者にも確定申告が求められる。無論、源泉徴収のない個人事業主なども自分の所得を申告して所得税を納めなければならない。

ここで課題になるのは、働き方の多様化である。最近では、被用者も民泊やライドシェアなどシェアリングエコノミーを含めて副業ができるようになってきた。働き方の多様化とは、所得の源泉の多様化を意味する。副業から得た収入を自身の雇用主に申告して年末調整してもらっても良いが、副業を知られたくない者もいるだろう。今後は確定申告をする納税者数も増加が見込まれる。

とはいえ、皆が窓口に殺到しては税務署の業務が成り立たない。従って、オンラインによる申告納税の普及が必須となっている。前述の年末調整についても、マイナポータルに集約された控除関係書類データを各種申告書の作成に活用し、勤務先に電子的に提出できる環境整備が求められる。マイナポータルとは、子育てや介護などの行政手続の検索・申請や、行政機関等が保有する自身の情報の確認などを行うことができるマイナンバーと紐づけられたオンライン窓口である。

なお、事業所得を得る個人事業主に関しては、伝統的に「青色申告」と「白色申告」に分かれてきた。このうち青色申告とは、複式簿記の記帳、つまり貸借対照表と損益計算書の作成による確定申告を指す。記帳が面倒だが、所得税の特別控除（65万円）など税制上の優遇措置がある。もう一つの白色申告は、単式簿記で帳簿はシンプルで済むが、税制上の特典はない。

複式簿記の作成は、納税に限らず経営状況を把握する意味で必須であろう。つまり、青色申告の普及は個人事業主の経営効率の向上にも繋がるものといえる。

この青色申告や第六章で後述するマイナンバーなどは、納税のインフラとして有効だが、納税目的だけでは拡がり難い。納税以外にも有効かどうかが問われてくるわけだ。関連してコロナ対策の給付金や融資の申請でも、「前年同月比の売上減少」がわかるような帳簿が必要だった。しかし、政府税制調査会（2021年11月）によると、「個人事業者の4割は白色申告で、記帳水準の低い方もたくさんいる」「プライベートと事業の財布・口座が分かれていない」といった問題が見られたという。

プラットフォームをどうするか?

働き方の多様化に伴って、注目されるのが、プラットフォーム事業者の存在だ。これまでの事業者（Business）と消費者（Consumer）間の取引「BtoC」に加え、近年は、インターネット上で個人と個人が提供者と利用者として取引する「PtoP」が広がってきた。一般民家を宿泊先として提供する「民泊」や、一般のドライバーが自分の車に客を乗せて移送するライドシェアなどが例に挙げられる。この個人間取引をインターネット上で仲介し、利用者から料金を徴収して、提供者に支払を行うのがプラットフォーム事業者だ。

ここで論点となるのが、日本の現行法ではプラットフォーム事業者からの支払いは給与所得に該当せず、プラットフォーム事業者に源泉徴収義務がないことだ。

他方、フランスでは2014年から、税務当局がプラットフォーム事業者などに対して一定の条件下で取引情報等の提供を要請できる仕組みが作られた。米国でも取引数が一定以上ある場合は、プラットフォームに対して課税当局が所得情報を求められるようになった。ようやく日本も、プラットフォーム事業者からの情報提供の在り方について検討を行うとしている（政府税制調査会2021年）。プラットフォーム事業者が所得情報の提出や源泉徴収を行うのであれば、ギグワーカーの確定申告にも繋がることが期待される。

曖昧になる所得区分

加えて日本の所得分類は、必ずしも多様化する働き方や新しいビジネスモデルに対応できていない。その事例を見ていきたい。

現在の所得税は、その種類が10に区分されている。そして原則、総合課税が適用される所得の間では損益通算（利益と損失の差し引き）ができる。例えば、給与所得が100万円あったとき、事業所得で30万円の赤字があれば、合計所得の通算は70万円（＝100万円−30万円）となる。

例外になるのが雑所得だ。雑所得には、公的年金のほか、ビットコインなど暗号資産の取引から得る所得も含まれる。日本では暗号資産は通貨取引とされ、その譲渡益は雑所得で、金融所得とはならない。このため仮に暗号資産の売買で損失が発生しても、ほかの所得と損益を通算できない。

民泊やライドシェアなどは、個人が保有する遊休資産やスキルの貸出しを仲介するサービスとして、「シェアリングエコノミー」とも呼ばれる。現行法では給与所得にならず、また事業所得にもならない。裁判所の判例によれば、事業所得とは「自己の計算と危険において独立して営まれ、（中略）反覆継続して遂行する意思」がある業務から派生するものだから、独立性や反覆継続に欠くシェアリングエコノミーは事業所得ではなく雑所得とする。このため、暗号資産と同様、シェアリングエコノミーで損失が出ても、ほかの所得から控除することは認められない。今後、シェアリングエコノミーの拡大が見込まれる中、雑所得として他の所得とは別の扱いをしてよいのかが問われよう。

そして、新たな自営業主として「雇用的自営（フリーランス）」が増加している。このフリーランスは、請負契約等に基づいて働き、使用従属性の高さという点ではむしろ被用者（給与所得者）に近い。しかし、ここでも所得課税が対応できていない。

例えば、「給与所得控除」はサラリーマンなど被用者のみに認められる。他方、実質的には被用者と似た境遇にあるフリーランスの所得は事業所得に分類され、所得は事業収入から実際の必要経費を差し引いて算出される。給与所得控除の手厚さと比較すると、フリーランスは被用者よりも不利なことになる。当然ながら、働き方にも中立性にも反する。また、前述の通り多くの給与所得者（サラリーマン）は、所得税の納税が源泉徴収と年末調整で完結する一方、複数の雇用主に雇用される非正規・フリーランスは所得を合算した上で、確定申告が必要になる。

このように現状では、それぞれの働き方と所得の分類によって税の制度が異なり、それが必ずしも適正とは言いがたい。そこで、政府税制調査会（2019）も「新たな経済分野の健全な発展を図る観点からも、個々の取引を行う納税者が簡便かつ適正に申告できる環境を整備することが重要である」とする。前述の青色申告の記帳の促進はあってしかるべきだが、今後はマイナンバーカードの普及に合わせて申告に必要となる収入や所得控除等に係るデータを集約して納税し易い環境を整備することが望まれる。加えて、給与所得者同様の経費の概算控除化（給与所得控除の適用）など所得税制の簡素化といった制度的な対応も必要になってくるかもしれない。「簡素」も公平性や中立性と並ぶ重要な税制の原則だ。

3　税のイノベーション

革新的な付加価値税

経済成長の原動力がイノベーション（技術革新）であることは第四章で強調した通りだ。イノベーションは税についてもいえる。例えば、所得税は19世紀のイノベーションだった。振り返れば日本の税制も何度かの革新を繰り返してきた。

封建時代の日本の税制といえば、米を納める年貢だった。これが抜本的に変わったのが、明治維新の折の「地租改正」（１８７３年）である。納税を米から現金にしたほか、課税の基準を実際の米の収穫高ではなく、「収益還元法」という将来的に生み出される利益をベースにした評価方法に変えた。

税制の20世紀最大のイノベーションは「付加価値税」、日本でいう「消費税」だろう。付加価値税を最初に導入したのは１９５４年のフランスだった。欧州諸国では元々、取引ごとに課税する取引高税があった。しかし、取引する度に課税されるため、原材料の取引から素材の製造、完成品に至るまで税負担が累積する問題があった。これを解消するべく、取引段階では税負担が生じないよう「仕入れ税額控除」を入れたのが始まりである。次に述べるが、この仕入れ税額控除が消費税の特徴であり、経済的なメリットでもある。ちなみにシャウプ勧告（１９４９年）においても「付加価値税」が提言されていたが、当時は実施には至らなかった。日本はパイオニアになり損ねたともいえそうだ。

なぜ消費税か？

巷間では、消費税は低所得層の負担が重い逆進的な税であるという批判が多い。また、安倍政権下の２０１４年４月に、消費税増税を行い景気が下がったため、景気に悪いとも思われがちだ。しかし経済学的に見れば、所得税や法人税、また社会保険料と比較しても、経済活動に及ぼす歪み（非効率）は小さい。消費税は、景気の動向や人口構成の変化に左右されにくく、安定しているという利点もある。

ここで５-２を参照しながら消費税の経済的メリットについて説明したい。消費税は、その名前から小売り段階での課税と思われがちだ。しかし実際は、原材料調達、加工・生産、卸、小売など、各段階で課される取引税である。このとき、事業者間取引で消費税を累積させないようにした仕組みが、「仕入れ税額控除」だ。課税事業者であれば、売上の消費税から、原材料等の仕入れで支払った消費税を控除できる。この控除によって、生産の途中段階での消費税の負担を発生させていない。なお、消費者が消費税を負担するのは、彼等が課税事業者ではない（仕入れ税額控除を受けられない）からである。

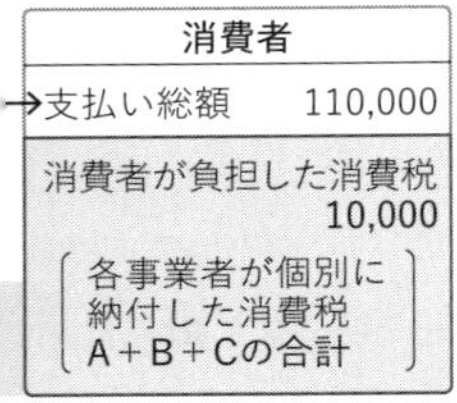

税は一般に、家計（個人）の消費や労働・貯蓄選択、企

5-2　消費税の仕組み

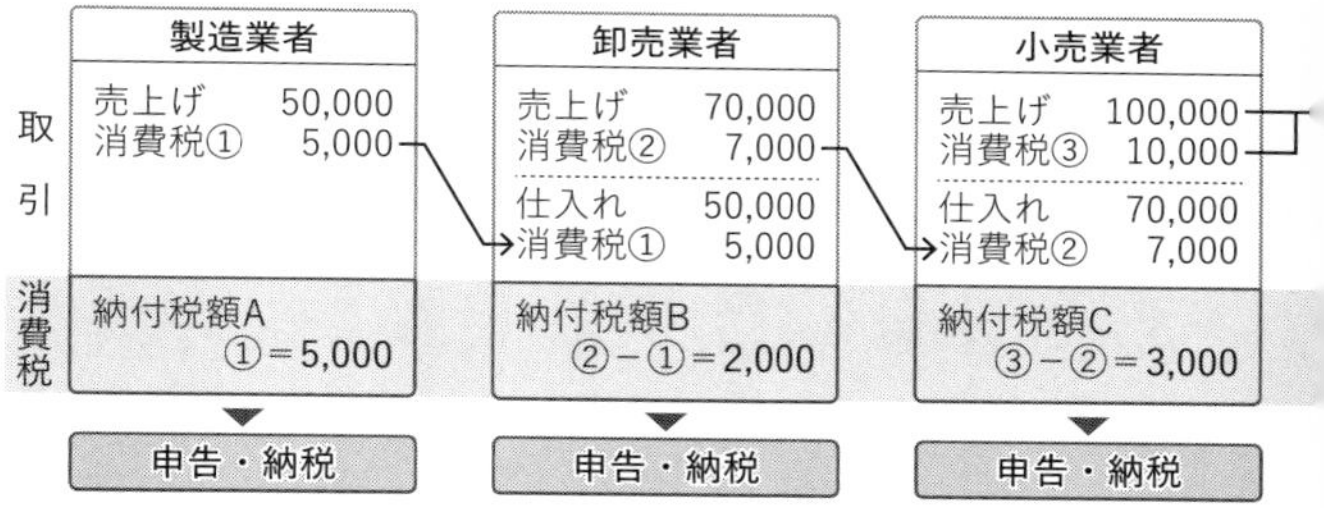

注：消費税と地方消費税を合わせた税率を10％で計算。単位は円
出所：国税庁

業の設備投資や雇用、生産拠点の選択、企業間での競争条件等、幅広い経済活動に影響する。

経済学の「次善（セカンドベスト）」の理論によれば、課税に起因する経済全体の非効率（超過負担）を最小限に抑えるには、特定の経済活動に重い税を課して当該市場の非効率を増加させるよりも、幅広く課税対象として、広く薄く超過負担を分散させることが望ましい。

では、課税は全ての経済活動になされることが望ましいのだろうか。最適課税論の答えは「否」である。

仮に後述する超過収益（レント）に対して別途、適切な課税ができるのであれば、課税の歪みは消費サイド（消費財の配分）に留め、生産過程に対しては中立的であるべきだ。これを「生産効率性命題」という。個人の消費選択が消費税の軽減税率などによって影響されることは許容できても、生産プロセス、具体的には企業間・産業間、あるいは地域間で労働や資本など資源の投入が歪められるのは次善に適わないということだ。

生産活動＝経済価値の創出、消費活動＝経済価値の利用とすれば、生産効率性は経済価値の最大化を要請している。仮に、ある工場の生産プロセスが非効率とすれば、同じ労働力や設備をより効率的な工場に活用すれば、生産量を増やす余地がある。経済価値を最大化するとは、こうした生産の非効率をなくすことにほかならない。消費税のメリットは、負担が生産過程に累積せず、企業の設備投資などを阻害しない、つまり、生産効率性を損なわないところにある。

先のように、消費税は景気に悪いという批判がある。しかし、ここで経済活動を短期の景気と中長期の成長とに区別して考えてもらいたい。短期の景気は消費などマクロの需要に左右されやすく、確かに消費税率の引き上げの影響を被るかもしれない。

他方、中長期の成長を決定するのは供給サイドである。働き方改革や規制の見直しを含む「構造改革」は供給サイドの生産性の向上を図るものだ。消費税は、この生産性を損ねない税であり、むしろ経済成長との親和性が高い。生産効率性は中長期的には経済成長に繫がる。関連して、税収を一定としたとき所得課税から消費課税に比重をシフトさせる方が成長率にプラスとの実証研究もある（Arnold 2008）。

コラム　消費税とインボイス

２０２３年10月から、消費税のインボイス（適格請求書）制度が始まった。

消費税の課税事業者は、仕入れ時に払った消費税額を自身の売上に係る消費税額から控除する「仕入れ税額控除」を受けることができる。例えば、税抜き価格１万円の原材料の仕入れを行い、商品を１万５０００円で売却したとしよう。税率を10％とすれば売上への消費税額は１５００円だが、事業者は仕入れ時に消費税１０００円を納めているので、その税額分を控除した５００円を納税すればよい。

23年10月までは帳簿や請求書を保存していれば仕入れ税額控除ができたが、10月以降は仕入先からのインボイスが仕入れ税額控除の要件となる。しかし、インボイスは課税事業者でなければ発行できない。取引先が（課税売上１０００万円未満の）免税事業者の場合、先の例でいえば１０００円の控除は受けられない。免税事業者が多い個人・零細事業主等は、インボイス制度の導入によって取引相手がコスト増を嫌って取引の見直しをするのではないかと懸念し、反対する声が多い。

しかし、そもそもの成り立ちを考えれば、欧州諸国を含めて消費税（付加価値税）のある国々では例外なくインボイスを導入してきた。むしろ、帳簿や請求書の保存で仕入れ税額控除を認めてきた我が国が例外なのだ。免税事業者であってもインボイス発行事業者になって消費税の納税を選択できる。また、政府は唐突にインボイス制度を実施したわけではない。消費税率の10％への引き上げに合わせて軽減税率が導入された２０１９年10月から4年の準備期間があった。向こう6年間は経過措置もあり、免税事業者との取引であっても一定の仕入れ税額控除が認められる。

消費税といえば、コンビニやスーパーといった企業が納める税金という印象があるかもしれないが、実際のところ、消費税は様々な取引に課されており、フリーランス等個人事業主も無関係ではない。フリーランス・副業を含め働き方が多様化する中、今後、消費者としてだけではなく、事業者として消費税に関わる者が増えてくるだろう。

キャッシュフロー税

近年、世界経済の一体化に伴って、グローバル企業が躍進している。一方で、グローバル企業は課税逃れのため、本社や支社を税率の低い国や地域に置く事例が増え、それが世界的に問題視されてきた。

そこで各国が、法人税の足並みを揃えようと動き始め、２０２１年、ＯＥＣＤは新たな国際課税の協調の枠組み（ＢＥＰＳ対策）を発表した。売上高２００億ユーロ（約２・６兆円）超、利益率10％超の大規模・高利益水準のグローバル企業を対象に、利益率10％を超える超過収益の25％について（売上げのある）市場国に課税権を配分する新たなルール（第一の柱）を提言した。Ｇ20を含む１３６の国・地域が合意している。従前の国際課税の原則は、生産拠点のある（製品やサービスの価値が創造された）ところで課税を行うことだった。しかし、グローバル化やデジタル化が進む中、事業所のような生産拠点をおかなくても経済活動ができるようになっている。加えて、生産活動（サプライチェーン）自体が複雑化して、真にどこで利益の源泉（製品・サービスの価値）が生じたのか判別がつきにくい。他方、買い手が何処にいるかは把握しやすい。こうしたことが市場国に課税権を与える背景となった。

ここで超過利益とは、国債投資等から通常見込める「正常収益」を上回る利益を指す。例えば、市場金利が４％としよう。銀行に預けるなどして1億円を運用することから収益は４００万円（＝1億円×４％）に等しい。４００万円の収益はあらかじめ見込まれており、かつ誰が運用しても変わらないという意味で正常収益にあたる。他方、同じ1億円をある企業に投資をして１０００万円のリターンを得たとしよう。単なる資金運用とは違って、当該企業のイノベーション能力が問われることはもちろん、投資家の目利きがモノをいう。この時、正常収益を超えた600万円（＝1000万円－400万円）が超過収益とみなされる。あるいはグローバル企業などが市場で独占力を行使して利益を上げているならば、それも超過利益の源泉となるだろう。こうした超過収益への課税と、市場国への課税権の配分も、税制のイノベーションに当たる。

BEPS対策に留まらず超過収益への課税にはメリットがある。結論だけ言えば、それは、現行の法人税に比べて経済活動に対して中立的で、経済成長を損なわないことだ。

その超過収益課税は課税ベースの「キャッシュフロー化」で実現できる。ここでキャッシュフロー」とは、事業者の売上から、原材料等仕入及び人件費を差し引いた値を指す。これを課税ベースとするのがキャッシュフロー税だ。キャッシュフローであれば（正常収益との区別を要する）超過収益よりも簡便に算出できる。

消費税に似ているが、人件費も控除しているところに違いがある。仕入れには生産設備の購入などを含むため、投資支出は人件費や原材料費同様、投資が行われた年に課税ベースから即時控除される。現行の法人税の下では、設備投資は複数年にわたって減価償却費として控除されるが、減価償却費の控除が認められる将来（例えば5年後）の1億円と、現在の1億円とでは価値が異なる。他方、即時控除するのであれば、投資支出の全額が経費として認められる。これは投資を喚起する方向に働く。結果として、先述の生産効率性命題にも適うことになる。

このキャッシュフロー税と、超過収益課税の等価性は次のように説明される。

再び正常収益率を年間あたり4％としよう。今期1億円投資したとすると、来期には正常収益を合わせて1億400万円（＝1億円×1・04）を得る。その現在価値は（正常収益率4％で割り引いて）1億円（＝1億400万円÷1・04）となる。他方、企業への投資1億円から翌年1000万円の利益が上がったとしよう。ここで超過収益は600万円（＝1000万円－400万円）に等しい。株式を売却するなどして投資資金も回収するならば、手元の現金は1億1000万円になる。その現在価値は次のように表現できる。

$$\frac{600\text{万円}}{1.04}=\frac{1\text{億}1000\text{万円}-(1+4\%)\,1\text{億円}}{1.04}=\frac{1\text{億}1000\text{万円}}{1.04}-1\text{億円}$$

ここでは、借入に係る利払い費の控除が認められない。現行の法人税では利払い費を控除する一方、配当は企業の利益の一部とみなされるため控除されず、課税対象になる。このことから同じ資金を調達するにも投資家に配当する株式（出資）より、利払いの形で利益を還元する借入の方が税制上、有利になる。このことが企業の有利子負債を増やして倒産のリスクを高める要因の一つになってきたとの指摘もある。

キャッシュフロー税であれば企業の資金調達の選択を歪めない。中小企業にとっても、減価償却費を計算するための資産管理が不要など、課税ベースの計算が簡単という意味でメリットがある。なお、年間の課税ベース＝キャッシュフローがマイナスになったときは①欠損金として金利を付けて将来に繰り越すか、②社会保険料（雇用主負担）など企業が負担するほかの税金・保険料と相殺させればよい。

また新たな法人課税「仕向け地主義キャッシュフロー税」が注目されている。これは、前述の「市場国」への課税権の配分に近い概念だ。具体的には、輸出からの収入は非課税（＝益金算入しない）だが、輸入は課税対象（＝損金算入しない）となる。

仕向け地主義キャッシュフロー課税が優れている点は、①シンプルで明快なため、ヒト・モノ・カネが国境を越えて自由に移動するグローバル経済に適っている、②低成長の経済で投資を含む企業の経済活動の活性化に繋がる、ことである。

特に仕向け地主義は、輸出が非課税（益金算入されない）のため、輸出企業の生産コスト増に繋がらない。よって、海外市場での競争力を阻害することはない。他方、国内企業の製品にも、輸入製品にも等しく課税される（輸入については費用として換金算入されない）。この仕向け地主義は、消費税の特徴でもある。消費税は国内消費への課税という性格上、輸出からの売上に対しては課税しない。一方、輸入品は課税対象となる（仕入れ税額控除が認められない）。社会保障の財源確保など、国内の財政的要請と国内企業の国際競争力の確保を遮断できるのが消費税のメリットだ。実際、消費税率を10%に引き上げたとき、国内の景気への影響が懸念されても、国内企業の国際競争力を心配する声はなかった。仕向け地主義キャッシュフロー税も同様であり、グローバル経済に適った成長促進的な税制といえる。

加えて、海外子会社等からの受取（輸出に相当）は非課税、海外子会社等への支払（輸入に相当）は控除できないため、グループ企業間で移転価格を操作しても課税ベースは変わらない。グローバル企業の租税回避の誘因にも中立的になる。更に利払いを含む金融取引は課税対象にならないため、過大な利払いを通じた税逃れという「過小資本」の問題も生じない。

このように、「仕向け地主義キャッシュフロー税」は直接税だが、その機能は、間接税の消費税に等しい。実際、消費税と、キャッシュフロー税で控除した人件費に対する社会保険料の賦課などを合わせると、両者の経済効果は同じとなる。このことは国民経済計算（三面等価）の式から窺える。

消費＝賃金＋（営業余剰－投資）－（輸出－輸入）

＝賃金＋（輸出を除く）売上－（輸入を除く・投資を含む）仕入

＝賃金＋仕向け地主義キャッシュフロー

消費税＝間接税は式の左辺を課税ベースとする一方、仕向け地主義キャッシュフロー税＝直接税は右辺を課税ベースとする。左辺に課税しても、右辺に課税しても同じことになる。これを「税等価」といって、

消費税　＝　社会保険料等賃金税　＋　仕向け地主義キャッシュフロー

という関係が成立する。

つまり、消費税率の引き上げと、社会保険料あるいは賃金への所得税の軽減を組み合わせれば、法人税を見直すまでもなくキャッシュフロー税を導入したのと同じことになる。

逆を言えば、もし消費税の増税が政治的に難しいとすれば、社会保険料や賃金所得税の引き上げと同時に、法人税を仕向け地主義キャッシュフロー税化して、これを強化することだ。あるいは賃金所得から捻出される消費への課税は避け、超過利益を源泉とする消費への課税を強化するのであれば、キャッシュフロー税を課すだけでも良い。超過利益の多くが、配当やキャピタルゲインなどの形で富裕層の利益になっているとき、これは公平にも適うだろう。

米国では、税負担の逆進性を嫌う民主党と、「小さな政府」を志向する共和党の両方が反対するため、付加価値税（消費税）の導入は政治的にはほぼ不可能とされてきた。そこでトランプ政権時の税制改革で提案されたのが、この仕向け地主義キャッシュフロー税だった。実現には至らなかったが、制度的には法人課税になるため、政治的な抵抗は少ないかもしれない。そのため我が国でも活用の余地がありそうだ。法人税のイノベーションともなろう。

第六章　多様な時代のセーフティネット

1　雇用の多様化と低迷する賃金

グローバル化と格差の拡大

経済のグローバル化・デジタル化が進む中、世界中で所得・資産の格差が顕著になってきた。

例えば、米国では資産分布の「上位1％」に富が集中してきたことが問題視されている。米連邦準備制度理事会（FRB）によれば、上位1％の富裕層の合計純資産額は34兆2000億ドルに対し、下位50％の資産額は2兆ドル程に留まる（2020年上期末）。世界的にもコロナ禍を経て格差は拡大した。フランスの経済学者トマ・ピケティ氏らが運営する世界不平等研究所の報告によると、世界の上位1％の超富裕層の資産は2021年、世界全体の個人資産の約38％を占める一方、下位50％の資産は全体の2％に過ぎないという。日本でも格差は顕著になっている。同じ報告書は日本の富の分布について「欧州ほどではないが非常に不平等だ」と指摘した。

日本の場合、格差の要因の一つに非正規雇用など「雇用の多様化」が挙げられる。日本の労働市場は「終身雇用・年功序列」と「新卒就職・採用システム」を伝統としてきた。1990年代初頭のバブル崩壊後、日本の景気は長らく低迷していた。それが2010年代にようやく改善が見られ、大企業を中心に収益は伸びた。それにもかかわらず全体の賃金が概ね横ばいに抑えられてきたのは、企業が非正規雇用・短期時間労働者を増やしたためとされる。雇用全体のうち、非正規雇用等が3分の1余りを占めるに至った。

加えて、新たな自営業主として「雇用的自営」（フリーランス）が増えている。この雇用的自営とは、請負契約等に基づいて働き使用従属性の高さという点ではむしろ被用者に近いとされる。また、いわゆる「ギグエコノミー」と呼ばれるインターネットを通じて個別の仕事を請け負う働き方も広まってきた。

2018年頃から推し進められてきた「働き方改革」も相まって、今後、正規・非正規を問わず個人の副業・兼業の機会が増せば、雇用の多様化は更に進むことになるだろう。

こうした非正規雇用等が高齢者や子育て中の女性等が自分達の生活に合わせた「柔軟な働

き方」の選択肢になって、彼等の労働参加を促してきた面はある。他方、若年世代の間では正規の職員や従業員の仕事がないため「不本意非正規」で働く人も少なくないという。

無論、非正規雇用やフリーランスを含む雇用の多様化は時代の潮流であり、今更、全ての雇用を正規に戻すことはできないし、望ましくもない。

ただ、一つ言えることは、企業が安定雇用というセーフティネットを提供する時代は終わったということだ。むしろ問われるのは、政府が新しい経済・社会環境に即した勤労者のためのセーフティネットを提供できるかどうかだろう。

現行のセーフティネットには、生活保護や基礎年金（国民年金）などがある。しかし生活保護は、高齢者や母子家庭など働くことが困難な困窮世帯を対象としており、資力調査もあって、所得が低いだけでは支援の対象にはならない。これは元々自立の難しい世帯を念頭においた貧困救済の制度になっているからだ。また、基礎年金は一定の年齢以上に、現在は65歳以上にならなければ、受給資格は生じない。

そもそも、日本の社会保障制度は昭和の高度成長期に確立したものだ。当時は、勤労者の人口が高齢者に比べて多く、高度成長の恩恵もあって勤労者の給与は常に増加していた。ゆえに勤労者を支え手に、高齢者や困窮世帯を支えることができたのである。その後、経済・社会の状況は大きく変わった。それにもかかわらず、制度が変化に追い付いていない。

機関補助から個人補助へ

これまで政府は一般の家計・勤労者との「接点」を持ってこなかった。

例えば税金一つとっても、多くの労働者は勤務する企業で、給与から所得税・個人住民税、社会保険料を源泉徴収されている。税務署に自分で確定申告することは滅多にない。

企業を介した補助は、いわゆる「130万円（106万円）の壁」の是正も同様だ。現行の社会保険制度では被用者の扶養者、つまり配偶者は、世帯主の保険料で既にカバーされており、自分で健康保険や年金の保険料を払う必要がない。

しかし、パート等で働き、年収が130万円を超えると、世帯主の扶養から外れ、自分で社会保険に加入して保険料を負担しなければならない（従業員数が101名を超える事業者は、この閾値が106万円になる）。所得税とは違って社会保険料には「控除」がないため、いきなり一定額の保険料が生じて給料の手取りが減少する。そのため、人々は130万円あるいは106万円を超えて働くことを不利な「壁」と受け止め、壁を越えて働くことを回避するわけだ。政府は（106万円が壁になる）従業員数101名以上の企業向けの助成金を3年程度の時限措置で新設する。雇用調整助成金が従業員に休業手当を支払い雇用主を助成しているのと似た仕組みといえる。

このように企業などの機関を勤労者への支援や徴税の窓口にしてきたのは、政府が無数の個人を相手にやり取りをするより、事業者を介した方が、効率がよかったからだ。

しかし、雇用が多様化する中、企業に窓口の役割を求めるのは難しくなってきた。また、紙ベースに代わって、個人のオンラインによる申請等も技術的に可能になっている。それを踏まえ、これからは給付の払い方も、「機関」から「個人」へ切り替えることが望まれる。

これがゼロから始める仕組みというわけではない。これまでも、個人（世帯）への給付として児童手当があったし、コロナ禍では非課税世帯や児童扶養手当の受給世帯への現金給付が幾度か行われてきた。これらのノウハウを更に拡充すべきだろう。

不完全な所得捕捉

コロナ禍と、その後の物価高で露呈したのは、政府は所得（収入）や資産に応じた給付ができないということだった。

コロナ禍が家計に及ぼした影響は一律ではなかった。正規雇用や年金生活者などの収入は守られる一方、自営業やパートなどの非正規雇用、フリーランス等の収入は大きく落ち込んだ。政府は２０２０年４月のコロナ第一波に際して、当初、「一定の水準まで所得が減少した世帯に１世帯30万円支給」する方針を打ち出していた。しかし、政府内で議論が錯綜した末、国民一律に10万円支給となった。理由の一つには、コロナ禍で所得が減少した世帯を正確に捕捉できないことがあった。給付の対象を絞ろうとすれば不公平感を増し、皆に公平であろうとすればバラまきの一律給付になる。政府は国民の反応を見ながら後者を選んだわけだ。

この給付に限らず、政府はコロナ禍で様々な支援策を講じてきた。生活に困った家計がいずれかの支援策で救済されたのかもしれないが、これでは「下手な鉄砲も数撃てば当たる」だろう。ましてや玉＝財源が限られるならば、狙いは絞った方が賢明だ。

ようやくコロナ禍から回復し、世界の経済が回復基調に乗るや、今度はエネルギー価格や食料価格が高騰した。そこで政府は２０２２年9月、住民税の非課税世帯に「緊急支援給付金」として一世帯あたり5万円を給付した。しかし、非課税世帯がすなわち低所得世帯ではない。そのため、給付に対して、「不公平」との批判も少なくなかった。なぜか？

住民税が非課税になる所得水準は、扶養家族の数や地域に応じて異なる。

例えば東京都ならば、住民税非課税の条件は、年間所得が「35万円×（本人＋被扶養者の人数）＋10万円（被扶養者がいれば21万円加算）」以下かどうかで決まる。ただしここでいう所得は、給与所得控除や公的年金等控除後の金額だ。つまり、単身世帯が被用者のとき、給与所得控除の最低額55万円前の収入１００万円（＝35万円×１人＋10万円＋55万円）が非課税かどうかの分かれ目となる。厚生労働省によると日本の貧困ラインは単身世帯の場合、年収１２４万円（２０１８年）とされる。つまり、貧困世帯でも（課税世帯のため）今回の給付が受けられないケースがある。これでは低所得世帯への支援という狙いに適わない。

世代間での不公平も指摘される。年金で生活する夫婦世帯の「世帯主」の年金収入が２１１万円以下、配偶者の年金収入が１５５万円以下であれば、住民税非課税世帯となる。収入が１００万円以上あれば課税される単身の勤労世帯とは対照的だ。

背景には、最低１１０万円という手厚い公的年金等控除がある。実際、非課税世帯のうち実に7割超が65歳以上の世帯主だ（２０２１年国民生活基礎調査）。更に言えば、高齢世帯の生活水準を所得だけで測ることはできない。年金収入は少なくても、金融資産を有している世帯もあるからだ。60歳以上の世帯の貯蓄額は平均で２４００万円を超えるという（２０２２年家計調査）。このように低所得の判断基準として住民税非課税が妥当とは言い難いにもかかわらず、政府はこの基準を使い続けてきた。

しばしば財政再建は低所得層に重い負担を課すと批判される。これは増税や歳出削減をするときに低所得層のような「守るべき者」を守れていないからにほかならない。セーフティネットの改善は今後、財政再建を行う上でも欠かせない。

所得情報の捕捉

働き方、そして所得の源泉が多様化する中、正しく所得捕捉できる仕組みが求められる。2015年から国民一人一人に通知が始まった12桁の数字「マイナンバー（個人番号）」は、行政を効率化し、国民の利便性を向上させる。

例えば、確定申告書や源泉徴収票にマイナンバーが記載されることで、所得の合算や突合（間違いがないかの確認）が行いやすくなってきた。副業の事業所得や、不動産収入など複数から収入を得ている納税者の所得把握の精度が上がり、扶養控除における被扶養者の所得要件の確認のほか、共働き世帯などで夫婦両方が一人の子どもを被扶養者として申請する「二重扶養」の問題を是正できる。

マイナンバーは社会保障でも有効だ。年金の資格取得の確認や、医療保険料徴収等の手続き、生活保護などの事務に用いられる。申請に際しては、所得証明書などの添付書類が簡略化され、国民の利便性が向上する。関連して政府はマイナンバーカードを健康保険証として利用できるよう環境整備を進めている。

従来、国民の所得情報は税務当局・自治体が課税目的に収集するもので、給付への活用は二次的に過ぎなかった。しかしこれからは、給付のための情報として、税以外の分野でも「公共財」としての意義も高まるだろう。マイナンバーを通じて低所得者の正確な所得情報が共有されれば、後述する税制と社会保障の連結・一体化も進めやすくなる。資産の把握も喫緊の課題である。

先の通り高齢世帯では、年金収入等の所得は低くとも、金融資産を多く保有するケースがある。2015年の政府税制調査会でも、「経済のストック化の進展に伴い、金融資産の蓄積が進む一方、その分布は一部の高齢者に偏在」していることが指摘されている。2022年の家計調査報告によると、二人以上世帯の貯蓄現在高の平均は1901万円に対して、60歳以上の世帯の平均は2400万円を超えている。

現状においても金融資産を反映しない仕組みがないわけではない。例えば、介護施設の食費・居住費に対する介護保険の補足給付の資格要件として、市町村民税非課税のほか、預貯金等が一定額以下であることが加わった。ただし、預貯金等は自己申告に基づく。他方、高齢者の医療・介護保険料や自己負担は所得に応じるものの、資産は考慮されていない。

公平な負担を実現するためにも「資産を含めた負担能力」の把握が求められ、マイナンバーで預金口座を紐付ける必要がある。政府はマイナンバー法の改正に際して、当初、金融口座へのマイナンバーの付番を義務付ける方針だったが、政府が金融資産を捕捉することへの政治的な反発もあって見送り、「国民が任意で一人一口座を登録」に留めている。しかし、社会保障等で年齢に関係なく能力に応じた応分の負担を求める観点からすれば、全ての金融口座に付番することは必須であろう。単なる負担増だけではなく、資産が乏しい高齢者などへの重点的な給付の充実にも活用できるはずだ。

2　財政の再分配機能

支え手を支える仕組み

本章冒頭でも示した所得格差への対応策として、一般に、次の三つが考えられる。

第一の方法は、経済成長してまずは富裕層や企業などが豊かになり、そこで増えた所得・利益が消費支出や賃金増に回されるなどして成長の果実が広く一般の人々に行きわたる「トリクルダウン」だ。市場経済の中で格差が自ずと縮減するという楽観論であり、新自由主義的な思考とも揶揄される。実際のところ、2010年代に企業の利益が大幅に改善したにもかかわらず、賃金水準は低迷したままでトリクルダウンは実現していない。

第二の方法は、富裕層・大企業への課税を強化して、その税収を低所得層への給付に充てる再分配である。近年の格差拡大は米国で顕著で、資産税を巡る議論が再燃している。例えば、民主党の急進左派、ウォーレン米上院議員は2019年、資産5000万ドル超の世帯に年間2%、10億ドル超の世帯には年間3%を課税する「超富裕税」の導入を主張した。ただし、課税と給付の程度が過ぎれば、投資や勤労への意欲を削ぎかねない。

経済学では「社会厚生」を最大化するよう課税や所得移転を決定するのが望ましいとする(最適課税論という)。ここでいう社会厚生としては19世紀英国の哲学者ジェレミ・ベンサムの「功利主義」に即して「最大多数の最大幸福」を目指す価値観や、米国政治哲学者ジョン・ロールズの「正義論」に従い最も恵まれない個人の厚生を重んじる「マクシミン・ルール」などがある。いずれの価値観に応じるにせよ、公平の追求は効率の損失を伴うことになる。

しかし、効率と公平の判断は政治的な裁量が働きやすい。歓心を買うべくバラまきたいときには公平を強調して、給付をカットするときには効率を建前にするといった具合だ。効率と公平はバランスさせるのではなく、両立する必要がある。また、政府が言うように「市場も国家も」重んじて、「社会的課題解決と経済成長の二兎を実現する」というのであれば、こうした背反関係は避けたいところだ。

第三の方法は、同じ再分配でも特に「頑張る個人」に報いる仕組み、つまり勤労者を支えるセーフティネットの構築だ。

これまで課税は財務省が、給付は各自治体と厚労省が担ってきたが、制度的な縦割りを除き、課税と給付が一体化した制度を作るべきだ。所得が高ければ納税して、低ければ給付が

6-1　米国の給付付き税額控除（2004年）

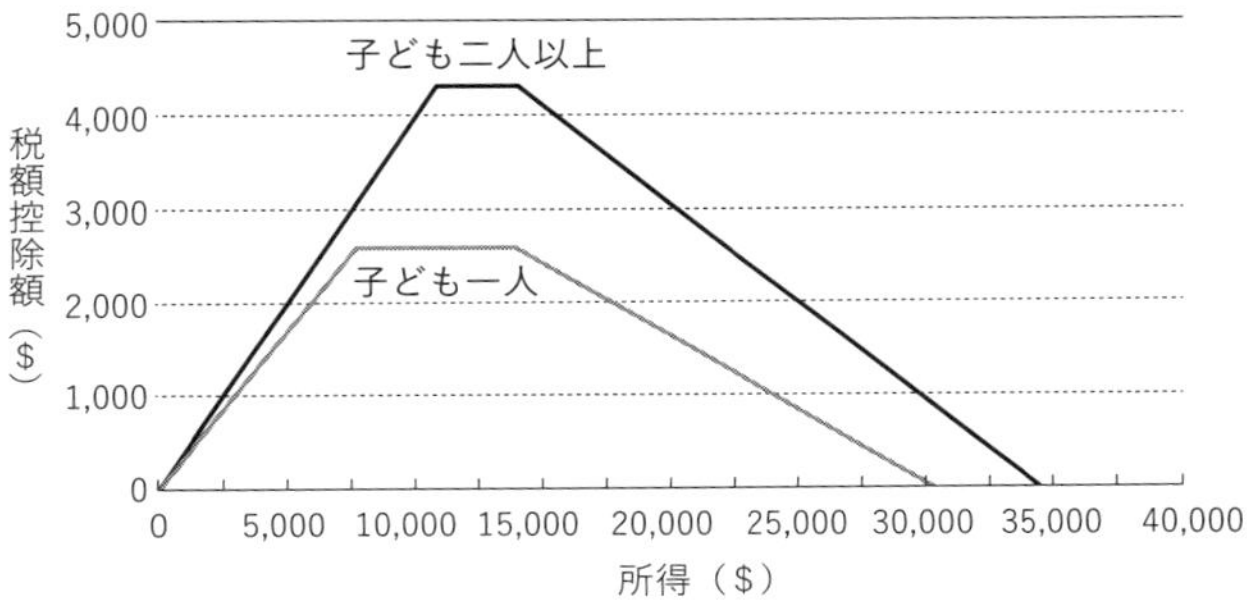

注：税額控除額が、所得の増加とともに増加した後、一定の所得で定額になり、ある段階を超えると逓減していく
出所：Blundell and Shephard (2007)

受けられる仕組みである。給付に際しては、働いていることが条件であれば、勤労意欲を損なわない。

ここで大事なのは、社会の「支え手」を支えるということだ。例えば、コロナ禍で収入を失った働き手の多くは、平時には税・社会保険料を納めている経済・社会の支え手だった。有事にこうした労働者を支え、報いる仕組みがあってよい。その仕組みは諸外国では「給付付き税額控除」などで実施されてきた。6-1は米国の税額控除である。就労せず所得がゼロのときは、給付はない。他方、働き始めると一定の所得まで給付が増える。その際の給付額は、単身世帯、子どもの有無など、詳細な世帯の属性を反映する。日本もこれに倣った制度があってよいだろう。

一般的な低所得者向けの給付は、低所得の勤労世帯が頑張って働き、所得を増やしていくと、ある一定水準を超えたところで給付が大きく減じたり、なくなる。いわば「崖」が発生しかねない。当人からすれば、頑張るほどに手元の収入が減るため労働意欲がわかず、しばしば、「貧困の罠《わな》」とも称される。非課税世帯への給付などは所得水準が課税最低限を超えると受給できなくなる。納税が生じるところで「壁」ができている。給付付き税額控除はこうした崖＝ペナルティをなだらかにし、所得が一定水準を超えても徐々に給付を逓減させていくので、就労への阻害効果が抑えられる。

ベーシック・インカム

近年、世界でその可能性が議論されている生活保障政策に「ベーシック・インカム」がある。政府が全ての個人に年間一定額の給付を保証するものだ。

ベーシック・インカムの導入にあたっては、現在あるような所得税の人的控除は撤廃され、原則、所得の全額が課税対象となる。また、基礎年金や失業給付など既存の社会保険も、統合など見直しが前提となる。重複する既存の政策を合わせて整理・統合できれば、再分配政策は一元化して、執行費用の軽減が図られるだろう。

実は、このベーシック・インカムも、先の給付付き税額控除も、「負の所得税」から発展した考え方である。

「負の所得税」とは、所得が一定水準（課税最低限）を超えれば課税が発生し、下回れば給付を受けられるようにする、課税と給付を一体化させた制度だ。米国のノーベル経済学賞受賞で保守派のミルトン・フリードマンが提唱したものだが、リベラル派経済学者まで幅広く支持されてきた。給付が乱立して複雑になりがちな社会保障制度を簡素化するほか、ベーシック・インカムについては「AIなどの技術進歩に伴う労働からの解放」、ボランティアなどを促す「社会的活動に対する報酬」として位置付ける見方もある。

ちなみに、給付付き税額控除とベーシック・インカムとの違いは、低所得の勤労者への支援、就労促進の志向にある。米国の「稼得所得税額控除（EITC）」のほか、英国には、この考えに基づいた「ユニバーサルクレジット」という制度があるが、ここでも、就労が受給資格になる（疾病や障害で就労に制限がある場合、あるいは一定年齢以下の子どもを抱える片親世帯の場合を除く）。未就労の場合は「積極的な求職活動」が求められる。

「負の所得税」の保険としての機能にも言及しておきたい。所得税が高いと、人々の就労や投資等の阻害が懸念される。このため、再分配の強化と効率性は背反すると言われる。しかし負の所得税であれば、格差の是正と、成長を両立させることも不可能ではない。

ここでいう保険機能は、大きくマクロとミクロの両面がある。

マクロ的には景気が後退局面にあるとき、雇用が失われたり、労働時間や時給が少なくなったりして、労働者の所得が減る。一方で、所得税額が低くなる、あるいは課税最低限を下回って給付の対象となる結果、労働者の可処分（課税後）所得の低下が抑えられる。所得が安定することで、消費も安定する。他方、景気が好転すると所得税額が増えて、可処分所得の上昇に歯止めが掛かる。その結果、景気が過熱化してインフレが加速するのを防ぐ。これは税制の「自動安定装置（ビルトイン・スタビライザー）」としても知られるが、景気の好不況が過度にならないようマクロ経済を安定化させる役割を果たす。

ミクロの保険機能は、リスクの分散だ。事業が成功するなどして高い所得が実現すれば、応じて課税額は増える。しかし、事業に失敗して所得が著しく低下したときは給付を受けられる。ここで課税は（成功時に納めるべき）保険料、給付は（失敗時に支払われる）保険金に相当する。保険としての所得税は負担だけではない。失敗時に給付があることは安心に繋がる。

しばしば投資等へのインセンティブとして成功報酬が有効とされるが、ヒトは失敗を恐れるものだ。実際、経済学では、個人は収入の変動よりもその安定を志向するという意味で「リスク回避的」と捉えることが多い。負の所得税の保険機能が働けば、スタートアップ企業の創設や新たな部門への転職といったリスクを伴う経済活動を促進するだろう。中長期的には経済成長の促進にも適う。

しかし、現行の所得税は、高所得者に累進課税する一方、所得が低下したときに（非課税にはなっても）給付の仕組みがないため、課税と給付の間での一貫性を欠いている。保険の機能を高めるには「給付付き税額控除」のような給付を所得税に取り込む、あるいは、税は財務省、給付は厚生労働省といった行政の縦割りを廃して所得税と給付を連携させることが肝要だ。

リアルタイムの所得捕捉

非正規雇用・フリーランスなど、収入が不安定な勤労者が増えてきた。給付付き税額控除などを導入するにしても、給付は現在の収入に応じることが望ましい。そのためにはリアルタイムの所得情報の捕捉が必須だ。しばしば、サラリーマン等の所得は国に完全に捕捉されているという意味で「ガラス張り」といわれるが、実態は少々違う。雇用主が毎月、被用者（給与所得者）から源泉徴収して税務署に納税するのだが、税務署は被用者の所得を把握しているわけではない。わかっているのは雇用主あたり源泉徴収された総額に過ぎない。

毎年、雇用主は被用者に支払った1年分の給与の明細、源泉徴収した所得税などを記載した書類を所得税法等に基づく「法定調書」として作成する義務がある。これを「源泉徴収票」という。「源泉徴収票」は給与等を支払った全ての者について作成することになっているが、税務署に提出するのは年中の給与等の支払金額が５００万円を超える被用者分に限られる。つまり、日本の税務署は個人の所得情報を完全に把握しているわけではない。

日本で個人の所得情報を有するのは地方自治体（市町村）である。これは雇用主が全ての被用者について所得を記した「給与支払報告書」を、彼等が所在する市町村に提出する義務があるからだ。

給与支払報告書は所得税の源泉徴収から作成される。地方自治体が所得情報を必要とするのは（個人住民税の）課税のためだけではなく、児童手当を含めた給付を担うこともある。ただしこの所得情報の利用には、不備がある。「給与支払報告書」の提出は、雇用主が支払いをした翌年であるため、市町村が把握するのは前年の所得となってしまう。仮に今年、失業などで所得が低くなっても、それに応じて給付措置が受けられるわけではないのだ。つまり、タイムリーな所得情報が把握できていない。

そこで参考になるのは英国の事例である。英国の所得税には元々我が国の源泉徴収制度にあたるＰＡＹＥ（Ｐａｙ　Ａｓ　Ｙｏｕ　Ｅａｒｎ）の仕組みがあった。それに加え２０１３年４月からは、雇用主が従業員に給与を支払う度に源泉徴収額と合わせて給与（所得）情報をオンライン提出することを義務付けた。これを「リアルタイム情報システム」という。その狙いは遅滞なく所得税を徴収することだけではない。所得情報は低所得層への給付にも活用される。

英国では、既存の税額控除・給付措置を統合した「ユニバーサルクレジット」という給付制度が導入された。リアルタイム情報システムは世帯の所得を合算して、このユニバーサルクレジット制度にタイムリーに所得情報を提供する。これによって、最新（1か月前）の所得を元に給付額が決まる。

これまでの日本は、低所得層への支援がきめ細かくできていなかった。そもそも国は、税収を確実に確保できればよいわけで、所得税の生じない低所得層の所得捕捉にあまり熱心ではなかった。しかし所得再分配は、高所得者への課税だけではなく、低所得層への移転（給付）があって、初めて完結する。再分配機能を強化して格差是正を進めるためにも、タイムリーかつ正確な低所得層の所得情報が必要だ。

プッシュ型支援

日本の行政は「申請主義」を旨とし、サービス受給要件に該当していたとしても、自ら申請しなければ、そのサービスを受けられない。コロナ禍で国民一律に10万円を支給した特別定額給付金でさえ、世帯ごとに申請しなければならなかった。持続化給付金を含む中小企業への支援も同様である。

しかし、この申請主義の弊害が近年目立っている。行政の支援メニューが多岐にわたる上、周知が必ずしも十分ではないため、本当に支援の必要な個人・世帯に給付が行き届かない事があるからだ。子どもの貧困対策や一人親世帯への支援がその一例といえる。申請主義は、生活保護などの申請に対するスティグマ（差別・偏見）を助長するという指摘もある。そこで期待されるのが、本人同意や申請を要さず、国から自動的に支給される「プッシュ型支援」だ。これについても再び英国の事例が参考になる。

2020年3月以降、英国政府はコロナ禍で収入を失った労働者等を対象に平時の所得の8割程を補塡する支援を講じた。歳入税関庁（日本の国税庁にあたる官庁）が納税データから対象者を割り出し、給付を案内する。対象者は、申請書を返信すれば銀行口座に直接振り込まれる。こうしたプッシュ型支援は、前述のリアルタイム情報システムがあるため可能になっている。

他方、日本では個人情報が行政機関ごと縦割りで管理されており、個人情報のやり取りはマイナンバー法で規定された業務に限るのが原則だ。定額給付金であれ、持続化給付金であれ、支援ごとに申請が必要になってくる。そもそも、税務当局以外が個人の税情報を閲覧するには、個人の同意を得なければいけない。同意＝申請なしに税情報を転用するのは難しい。

しかし、政府はコロナ禍を契機に「特定公的給付制度」を創設した。支給要件を確認するために、本人をマイナンバーで紐付け、住民税などの税情報を取得する。これによって、本人同意や申請を要さない「プッシュ型」での支援がある程度可能になった。実際、この制度は非課税世帯や子育て世帯への給付に際して活用されている。また、「公金受取口座登録制度」も始まり、個人の口座にマイナンバーを付番することで、緊急時を含めて公的給付の受け取りに利用できるようになった。今後、こうしたプッシュ型支援をますます充実させていく必要があるだろう。

3　社会保険料の租税化

社会保険料の二面性

本章の最後に社会保険料についても述べておきたい。日本は「国民皆保険」と呼ばれ、医療に掛かる際の健康保険、年金を積み立てる厚生年金、介護サービスを受ける際の介護保険などがある。しかし、皆が同じ保険に入っているわけではなく、それぞれの働き方によって、加入する保険が分かれている。

例えばサラリーマンなどの被用者であれば、医療保険は組合健保や協会けんぽに、年金は厚生年金に加入する。保険料は、労使で折半され、収入に対して概ね比例的となる（ただし、保険料に上限あり）。片稼ぎ（専業主婦（夫））世帯の場合、配偶者は「第3号被保険者」となり保険料は生じない。

他方、非正規（短時間）労働者や自営業者・雇用的自営（フリーランス）の保険は異なる。彼等が加入する国民年金の保険料は、定額（2023年度は月額1万6520円）だ。国民健康保険（市町村国保）の保険料には所得に応じた所得割（上限あり）や、世帯人数で決まる均等割がある。しかし彼ら彼女らが、片稼ぎであっても第3号被保険者のような措置はない。

そして社会保険料の意義（目的）に着目すると、疾病したとき、高齢になったときに給付を受けるための保険と、「世代間の助け合い」といった再分配、その二つが混在する。後者は事実上、税としての役割に相当する。

社会保険の性格上、こうした二面性はあってしかるべきとの見方もあるかもしれない。しかし、国は社会保険料の説明責任を損ねてきた面が否めない。

つまり、勤労世代に保険料を課すときは保険の意義を前面に出す一方、給付と負担に関わる世代間格差への批判などには、社会連帯（再分配）に基づき「損得勘定は馴染まない」といった具合だ。他方、こうした二面性は、制度の見直しを困難にしてきた。かつて、基礎年金の財源を全て消費税で賄うという年金改革案があった。高齢者の最低限の生活を支えるという福祉の観点からは容認されても、保険の視点からすれば、保険料を払ってきた高齢者と未払いの高齢者との間で不公平と判断されてしまう。結果、制度改革は頓挫する憂き目にあった。

また、社会保険料の実態は、家計の多くにとって最も負担の大きな「税金」ともなっている。6-2は「家計調査」（2021年）から社会保険料、直接税（所得税等）が勤労世帯（単身世帯を除く）の年間収入に占める比率（負担率）を収入階級別に与えたものだ。低所得層ほど、社会保険料が直接税よりも高いことがわかるだろう。

非正規労働者を含む低所得層の多くは、自前で国民年金や国民健康保険に加入する。前述の通り、国民年金の保険料は定額で、国民健康保険料にも均等割という定額部分がある。こうした仕組みが低所得層の社会保険料負担を高めてきた。

更に社会保険料には消費税にないデメリットがある。社会保険料は労働コストを高め、製品価格の上昇や利益の減少に通じてしまうことだ。雇用主からみれば非正規雇用ならば社会保険料の支払い（雇用主負担）が生じない。このため、あえて正規雇用を避けて非正規を採用する誘因が企業側に働き易くなる。

たしかに社会保険料の支払いは、年金や医療などの給付資格に連動するが、負担と給付水準の関係は明瞭ではない。むしろ、税と同様に再分配的である。実際、厚生年金の保険料の一部は、保険料未納者の穴埋めなど、国民年金への補助に充てられてきた。例えば、組合健保・協会けんぽは、保険料収入のうち4割強が後期高齢者支援金など高齢者医療費に充当されている。更にこの後期高齢者支援金は、2017年度からは「総報酬割」が全面的に導入

6-2　社会保険料の負担

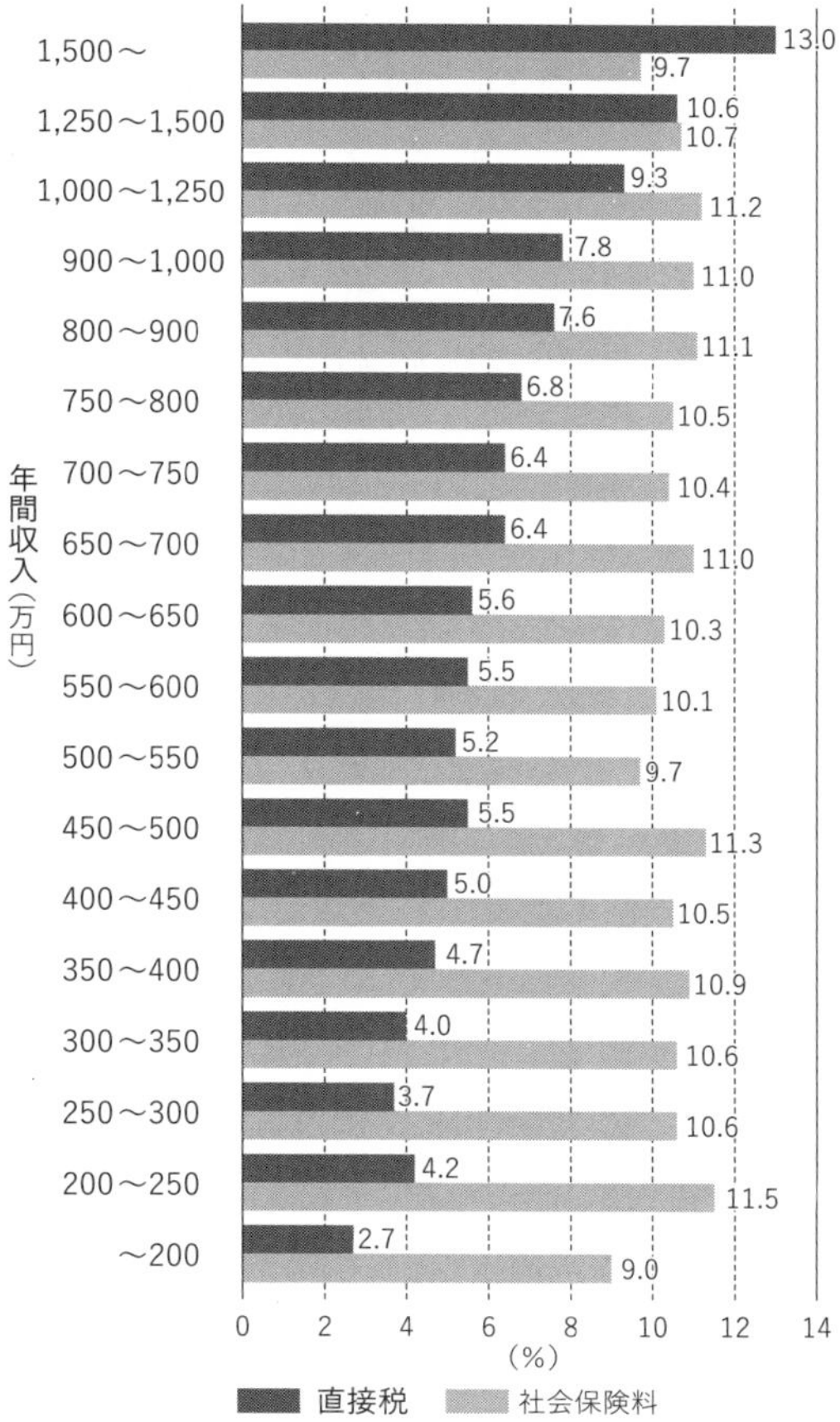

注：全国・二人以上の世帯のうち勤労者世帯
出所：家計調査2021

され、負担能力の高い保険者の拠出額が増えるなど再分配の側面が更に高まった。保険という体裁に税としての実態が隠されている格好だ。

問題は、社会保険が働き方の多様化に対応できていないことにある。繰り返し述べてきたように、非正規雇用の増加や、被用者の副業・兼業、フリーランスやギグエコノミーも広まっている。

しかし、政府は既存の制度の活用に終始する傾向がある。「全世代型社会保障構築会議」は、あらゆる勤労者がふさわしい社会保障を享受できるようにし、雇用の在り方に対して中立的な社会保障制度としていくとしながら、「勤労者皆保険」と称して厚生年金・組合健保等、正規雇用向けの被用者保険の対象拡大を志向する。

もっとも、本来は被用者ではないフリーランスやギグワーカーに被用者保険を適用するのは実効性に疑問がある。また現行の社会保険制度では、アルバイトや副業など就業先が複数あるとき、保険料は主たる雇用主からの収入のみに留まる。仮に年間400万円の収入を一雇用主のみから得ているときと、複数の雇用主から受けている場合では保険料に違いが出る。これでは勤労者間での公平に反する。政府も検討を進めているが、具体的な制度設計はまだ打ち出されていない。

保険料の租税化

社会保障の財源が消費税と社会保険料からなることは、第一章で述べた通りである。しかし両者の役割に線引きをするのはますます難しくなっている。端的にいえば、税は財務省が、保険料は厚労省が管轄しているという違いに過ぎない。ではどうするか？　一案は、再分配的な現状に即して社会保険料を租税化する、つまり、社会保障の目的税とすることだ。

この「社会保障目的税」は所得を課税ベースとし、税率は穏やかな累進構造とする。一定額を控除することで、現行の保険料減免に当たる機能を確保することもできる。課税対象には給与等勤労所得に加えて、年金、金融所得なども含む。ただし、社会連帯を目的とする税でもあるため、年金や金融所得の控除は最低限に抑え、広範な所得を課税基盤とする。なお、複数から給与所得を受けているケースでも、合算した所得を対象にできることも租税化のメリットといえる。

課税の対象は所得に応じ、雇用形態に拠らない。よって正規雇用と非正規雇用との間で代替を誘発しない。また、一定の控除額があるため、いわゆる「130万円の壁」も解消される。更に年金にも課されることから「年齢」ではなく（支払い）「能力」に応じた負担を徹底できる。その税収は社会保険の中の再分配に充てることで保険部分（機能）との「棲み分け」を行う。医療でいえば、高齢医療費への拠出金（特定保険料率相当分）を社会保障目的税で賄うものとする。年金については基礎年金に関わる制度間補助、つまり国民年金の未納者分や3号被保険者分や世代間再分配に充てる。これまでの再分配分がなくなる結果、残った社会保険料は純粋に保険（受益者負担）としての機能に純化できる。例えば健康保険料は、自分と、自らが加入する組合の医療費に充当される。

これはフランスの「一般社会税」に類似した仕組みともいえる。1991年に創設されたフランスの一般社会税は、給与など稼働所得のほか、年金などの代替所得、利子・配当などの資産性所得を課税対象とする。当初は一律1・1％の比例税であったが、その後、段階的に引き上げられ、稼働所得については7・5％、資産所得の税率は8・2％。代替所得のうち老齢年金等には6・6％の税率が課されている。課税ベースが広いことから同国では所得税よりも高い税収を上げてきた。

従来の社会保険料の雇用主負担も、再分配相当分は社会保障目的税に吸収する。雇用主負担が廃止されるため、企業優遇だと批判されることもあろう。しかし、実際の影響はほとんど出ないはずだ。それを考えるために、逆の場合を想定してみよう。

現行の社会保険料は労使折半だが、これを雇用主の全額負担に置き換えてみる。しかし、雇用主が用意できる総人件費は変わらないから、労働者への支払いが減額されるだけだ。一方の労働者も、自らの保険料支払いが無くなったとしても、賃金が同額減るため、手取り賃

6-3　フランス一般社会税　（単位：％）

	稼働所得	代替所得	資産所得	くじ・カジノでの獲得金
1991年2月	1.1	1.1	1.1	—
1993年7月	2.4	2.4	2.4	—
1997年1月	3.4	3.4（1.0）	3.4	3.4
1998年1月	7.5	6.2（3.8）	7.5	7.5
2005年1月	7.5	6.2/6.6＊（3.8/3.8）	8.2	9.5
2011年1月	7.5	6.2/6.6＊（3.8/3.8）	8.2	6.9/9.5＊＊

＊一時的な就労不能の代替所得（失業手当、休業補償手当等）は6.2％、職業生活からの引退した代替所得（老齢年金、拠出障害年金等）は6.6％
＊＊くじでの獲得金は6.9％、カジノでの獲得金は9.5％
出所：柴田洋二郎「フランスの医療保険財源の租税化」

金（所得税・社会保険料等を差し引いた）に変化はない。つまり税負担の帰着を決めるのは、誰が払うかではなく、雇用主と労働者が合わせて賃金に対してどれだけ税金を支払うかに応じてくる。言い換えると、雇用主の労働コストと労働者の手取り賃金の乖離、いわゆる「税の楔《くさび》」による。

とはいえ、雇用主負担がなくなる分、労働者側の負担が高まるとの不安は残るかもしれない。そこで「社会保障目的税」を導入する場合には、移行措置として、新たな目的税は現行の労働者への給与等報酬に雇用主負担を加えた労働コストを課税対象とすることを明記しても良い。ここで雇用主負担が社会保険目的税に置きかわる。

いずれにせよ、社会保障の財源は公平・効率でなければならない。現行の社会保険料はこれに適わない。よって、実態に合わせて租税化することで雇用や世代間の負担のバランスに配慮した仕組みに改めるべきだろう。

第七章　どうやって財政再建するか

1　何故すれ違うのか

再びアンケートから考える

ここまでの章で、日本財政の危機的な状況、そして制度的な問題点、対策などを検討してきた。最後に本章では、どのようにして財政再建するかを考えたい。そこで、再び序章で紹介した経済学者・一般国民を対象としたアンケート調査に戻ろう（9頁参照）。

アンケート結果によると、一般国民は財政赤字を放置してよいと思っているわけではないが、その原因について経済学者と認識を異にしており、財政赤字を「自分事」として捉えていないように思われる。

政府は以前から、日本は諸外国と比較して、受益である社会保障支出に対して、負担としての税・社会保険料が低いことを強調してきた。この受益と負担の不均衡が財政赤字に繋がる。先のアンケートで、経済学者が財政赤字の原因に社会保障を第一に挙げた理由でもある。しかし国民は、自分達が受益する社会保障ではなく、公務員の人件費や政治の無駄遣いなど、「ほかの誰か」が財政赤字を作ったと考えているようだ。

実際、「身を切る改革」と称して、増税の前に歳出の削減を断行すべきとする政党の主張が一定の支持を集めている。一見もっともらしいが、2009年に政権交代した民主党が、特別会計の余剰金など政府の「埋蔵金」を使えば、子ども手当を含む歳出が確保できるとした主張とも似てなくもない。もっとも、この主張は政権交代前の自民党時代から言われていたもので「40兆〜50兆円の埋蔵金がある」とされていた。しかし、実際に使える埋蔵金は子ども手当等の財源には遠く及ばず、かつ一度使ってしまえばそれきりである。

やはり夢のような話はありえず、財政赤字の原因が社会保障にある限り、最終的には国民自身の「身を切る改革」が必要なのである。

第五章でも述べたように、消費税はグローバル経済において成長との親和性が高い。一方で国民からは、消費税は「景気に悪影響」で、デフレ脱却の機会を逸するものとする批判はあった。確かに消費税は景気への短期的なマイナス効果はあるにせよ、中長期的にもたらすメリットも評価されるべきだろう。

アンケートでは「消費税の特徴」についても訊いている。経済学的に見れば消費税は、「ほかの税に比べて景気の変化に左右されにくい」ものだが、そのように回答したのは32％で、42％の人が「景気の変化に税収が左右され易い」とした。また、「消費税は年金、医療、介護、子育てなど社会保障の財源に充てられていることを知っていましたか」との問いに「知らなかった」とする回答者は37％程になる。つまり、一般国民の間に消費税が十分に理解されていないことがわかる。

消費税への誤解は、学校教育の影響もありそうだ。中学校の公民の教科書などでは、所得が低くても食料品などの生活必需品を購入しなければならないこともあり、「(年間）所得に占める消費税の割合が高くなる逆進性の問題がある」と記載されてきた。消費税の逆進性は教育の中で子どもたちにも刷り込まれているわけだ。

今回のアンケート調査では、政府に対する深刻な不信も示された。「あなたは政府をどれくらい信頼できるとお考えでしょうか」との質問に一般国民の39・9％が「ほとんど信頼できない」と回答している。「あまり信頼できない」を合わせると76・3％に上った。ここでいう政府が、官僚を指すのか政治家を含むのか、調査では特定していない。とはいえ、政府への信用の欠如が財政赤字を「政治の無駄遣い」や「高い公務員の人件費」に拠るとの見解に繋がっているのかもしれない。この場合、消費税の増税であれ、社会保障を含む歳出削減であれ、国民に一方的に負担を求めるような財政再建は合意が難しいだろう。政治家サイドが「身を切る改革」を合わせて行う必要がありそうだ。

例えば、特別会計、基金の中にある不要額・余剰金（いわゆる埋蔵金）の回収、国会議員歳費や幹部公務員ボーナスの一時カットなどがあろう。こうした見直しで、まとまった財源が確保できるわけではないが、政府・政治が真摯に財政の健全化に取り組んでいるという国民へのメッセージにはなる。つまり、増税・歳出削減と「身を切る改革」のいずれかではなく、これらを一体とした健全化のメニューを示すことだ。

実施のタイミングは必ずしも同じでなくても良い。国民の信認を確保する観点から「身を切る改革」の方を先行させるのも一案だ。例えば、国会議員の歳費や幹部官僚の給与削減を先行させ、それが実施された後に社会保障給付等の支出を見直す。次に行政のスリム化など更なる「身を切る改革」を行った後、増税に着手するといった具合だ。

2　財政再建の環境整備

受益と負担の連動

政策形成にあたっては、給付・サービス提供と財源も一体的に提示していくことが重要だ。

「社会保障と税の一体改革」では当初、5%から10%への消費税率引き上げの内訳は、税率1%分が育児支援、年金、医療・介護を含む社会保障の充実に、税率4%分がその持続性の確保に使うと、示されていたはずである。しかし、いつしか増税と社会保障が切り離されて論じられるようになった。

例えば年金給付の抑制が検討されるにしても、現在の高齢者の不利益ばかりに関心が集まり、仮に給付の伸びを抑えなければ、年金保険料の引き上げ、あるいは年金積立金の取り崩しが必要で、特に後者の場合、将来の給付が危ぶまれることに関心が向くことはなかった。

高福祉・高負担の「大きな政府」であれ、低福祉・低負担の「小さな政府」であれ、福祉水準という受益と負担が連動するのが筋だろう。そこで選択肢を、①社会保障サービス等の充実をするならば、その財源を増税で確保する、②増税を回避したいならば、サービス水準は負担に見合う水準に留める、などと示して、政治的判断を仰ぐようにすればいい。第三章で述べた自治体の公共サービスの拡大を、地方税の負担で賄う「限界的財政責任」にも近い。このようにして歳出の拡大や削減、実施の可否を、サービスと財政を一体にして明らかにするべきだ。

同じことは「次元の異なる」少子化対策にもいえる。第一章で述べた通り、政府は少子化傾向の反転に向けて、今後3年間を「集中取組期間」と位置付けた。この対策のため24年度以降、新たに年間3兆6000億円余りの予算が見込まれる。その財源は現行の社会保障サービス等の歳出改革、社会保険料、そして本来は消費税が選択肢となるだろう。ここで問われるのは一つ一つの是非ではなく、いずれを選ぶかである。

このように、政策を形成していく際には、国民や政治家に政策の「予算制約」への意識を促し、合わせて「時間軸」の視点も入れる。歳出改革には時間を要する。現在の経済状況に鑑みると負担増は難しいというならば、「つなぎ国債」(こども特例公債など)を発行しても良い。ただし、その返済には、消費税や保険料の上乗せなど、あらかじめ償還財源を明らかにしておくことが望ましい。

ペイアズユーゴー原則

政策形成に予算制約の意識を導入する方法として、米国で取り入れられた「ペイアズユーゴー(Pay As You Go)原則」が参考になる。これは、新規の政策によって経費が増加する、あるいは減税を行った場合には、同じ年度内にほかの経費の削減や増税などの措置を行わなければならない制度である。米国は1980年代に財政赤字と貿易赤字という「双子の赤字」に苦しんだが、その解決策として、ブッシュ(父)政権時が1990年「包括財政調整法」の中でこの原則を採用している。

ペイアズユーゴー原則は、「財政ルール」の一つとしても理解できる。財政は、全ての人に関わる問題だけれど、誰かが負担してくれると皆が都合良く考えた「チキンゲーム」(第三章2節)の末に、悪い結果に陥る「囚人のジレンマ」が起きやすい。そうなってしまうのは、財政赤字の帳尻を合わせる「蛇口」が多く、制度が複雑だったからにほかならない。これを避けるには、財政赤字が消費税、社会保障給付等、いずれの政策変数で帳尻を合わせるのか、事前に明確にすることだ。

例えば、防衛費について、実績が見込み額の約4兆円を超えたとき、あるいは歳出改革・余剰金の活用、国有財産の売却などが進まず、見込んでいた3兆円の捻出が困難になったときは、法人税あるいは所得税など防衛増税の候補となっていた税目のいずれかを引き上げるようルール化する。逆に歳出改革等から3兆円以上が浮いたなら、当該税目の減税に回すようにする。少子化対策についても同様で、児童手当などを充実させるならば、ほかの社会保障サービスを適正化させる、あるいは消費税や保険料を高くするようルールを定める。

このように、帳尻合わせの税や、そのほかの政策変数を決めておく。予算の使い残しや特別会計の剰余金など、たまたま生じた財源で帳尻合わせをしようというのは、この財政ルールに適わない。

他方、特定の財源に頼るのではなく、「様々な財源のベストミックスを図るべき」(日本経済団体連合会長の記者会見コメント（令和5年5月22日））と考える人もあるだろう。しかし、どのような組み合わせがベストかは、人によって評価が異なり、判断が裁量的になり易い。組み合わせの条件が玉虫色になることは避けなければならない。

なお、新型コロナのような感染症や巨大災害などの危機への対応ができる柔軟性を確保するため、ルールを適用しない「免責条項」は設ける。ただし、免責条項の乱用がないよう条件の厳格性・客観性を担保する必要があるだろう。

ペイアズユーゴー原則のような財政ルールは、赤字に歯止めをかけ政府の債務残高の対GDP比を抑えることで財政の持続可能性を高める。無論、経済が成長してGDPが伸びれば分母が増えるから、債務残高の対GDP比は自ずと低下するという主張もあるだろう。ここで重要なのは政府が何をコントロールできるかである。新陳代謝の促進を含む経済の構造改革を進めるとしても経済の成長は市場の中で決まってくる。政府が決定できるものではない。他方、歳出の抑制や増税は政府が決めることができる。財政の規律とはその規模や予算配分のコントロールであることを忘れてはならない。

増税の工程表

財政を健全化するため今後、どれくらいの消費税率が必要なのだろうか。以下では、厚生

7-1　政策の選択肢

	公費の不足の埋め合わせ		
	シナリオ1	シナリオ2	シナリオ3
	消費税の増税	社会保険料の引き上げ	給付の削減
	必要な消費税率	当初の見込みからの負担額の増加割合	当初の見込みからの削減割合
2025年度	16.30%	25.00%	14.50%
2030年度	17.00%	27.00%	15.70%
2035年度	17.70%	29.30%	16.80%
2040年度	18.40%	31.40%	17.70%

注1：経済成長は現行を前提にしたベースラインケース

注2：地域医療構想に基づく2025年度までの病床機能の分化・連携の推進、第3期医療費適正化計画による2023年度までの外来医療費の適正効果、第7期介護保険事業計画による2025年度までのサービス量の見込みを基礎として計算

注3：次元の異なる少子化対策は含まない

出所：厚生労働省「2040年を見据えた社会保障の将来見通し」

労働省の「2040年を見据えた社会保障の将来見通し」（以下「将来見通し」）に拠って、三つのシナリオを7-1で考えてみたい。

「将来見通し」から、2025年度から2040年度まで5年おきに年金、医療、介護、子育て支援の社会保障4経費に要する「公費」（国・地方負担）が試算されている。そこで、この「公費」を賄うために必要な消費税率を算出する。試算にあたっては、現行の経済成長力を前提とした「ベースラインケース」に基づく。医療、介護の需要については、「地域医療構想」にある2025年度までの病床機能の分化・連携の推進、第3期医療費適正化計画による2023年度までの外来医療費の適正化効果、及び第7期介護保険事業計画による2025年度までのサービス量の見込みを基礎として算出する。ただし、政府が新たに打ち

出した少子化対策は反映していない。

軽減税率が導入される前の2018年度の消費税収（地方消費税含む）は、約22兆5000億円で、当時の税率8％で除すると「1％あたり税収」は約2兆8000億円と計算される。これをGDPの成長率に比例させることで将来の「1％あたり税収」を試算した。ここで消費税のGDP弾力性は1と仮定されている。2019年10月以降、飲食料品等に軽減税率（8％）が適用されているが、便宜上、税率は一律とした。

シナリオ1は、消費税の増税だ。7-1にあるように、2040年の消費税率は18％程度まで引き上げられなければならない。

ちなみに、国際通貨基金（IMF）は2018年に、日本が2030年までに債務残高（対GDP比）を安定化させ、医療・介護費用の増加に対応するために必要な財政収支の改善を、対GDP比7％と試算している。そして、その半分である3・5％分を埋めるために、消費税率を15％まで漸進的に引き上げることを提言している。また、経済協力開発機構（OECD）（2019年）は、財政再建（赤字削減）の規模を対GDP比の5％から8％として、これを全て消費税増税で賄うとすれば、将来的に消費税率は20％から26％に達するものと見込む。

もちろん消費税増税だけが解決策ではない。仮に消費税率を10％に留めたときに不足する公費を、シナリオ2では社会保険料の引き上げで埋める。試算では、消費税の増税を回避するには2040年度の段階で保険料は3割増しになる。

シナリオ3では社会保障給付の削減で検討する。その場合、2040年度は「将来見通し」で推計される給付額から17％強のカットが必要になる。

もちろん、経済の成長率や金利、少子化対策を含む社会保障への政府の対応が変われば、こうした試算は変わってくる。とはいえ、今後15％から20％超への消費税の再増税は必須といえそうだ。そうでなければ、大幅な保険料の引き上げ、あるいは給付のカットが求められる。受益と負担を連動させる観点から、国民には給付削減、消費税の増税、社会保険料の引き上げを個別に問うのではなく、シナリオ1〜3にあるようなメニューとして示すことが望ましい。

いずれを選ぶかは最終的には政治の判断である。ここでは消費税増税を標準シナリオとして議論を進めていきたい。

将来的な消費税率が不確実なままでは、国民の不安・不信も高まるだろう。企業や投資家も将来見通しが立て難い。そこで、国民に消費税増税を確かなものとして受け止めてもらうための5つのステップを示したい。

7-2　消費税率の推移

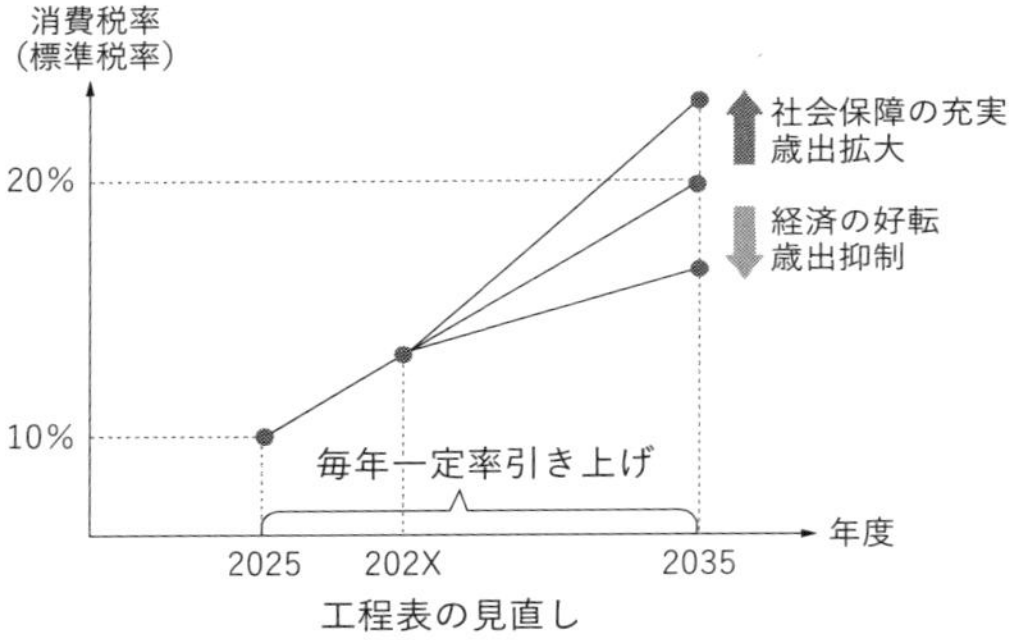

消費税増税への5つのステップ

①財政を持続可能にするため、堅実な経済シナリオに基づいて債務残高の対GDP比を安定化させるように最終的な消費税率をあらかじめ定める

②増税の工程表を明らかにする。消費税増税を始める年度、最終年度を決めておく

③「堅実な経済シナリオ」は、内閣府中長期試算のベースラインケースなど足元の経済の動向を反映させる

④「最終的な消費税率」は、OECDの試算同様、社会保障関係費を含む歳出が現行ペースで増加し、消費税だけで財政再建するときに必要な税率とする。

⑤景気の後退など増税が困難になった年度については、翌年度以降に税率引き上げを先送りする「免責条項」を定める。ただし、最終消費税率や最終年度は変えず、翌年度以降の増税幅を引き上げる。

調整変数としての消費税率

最終税率や工程表は一度作成したからといって、変更のできないものではない。むしろ毎年、業務効率改善のためのＰＤＣＡサイクルをかけて見直す。例えば、経済成長が実質２％など想定よりも高まったとすれば、法人税や所得税など増収が見込めるから、それに応じて最終消費税率を引き下げる。合わせて最終年度の前倒しや、毎年の増税ペースを抑えることも検討できるだろう。逆に、当初のシナリオに対して経済の実績がそれを下回り続けるなら、消費税率と毎年の増税ペースは引き上げられなければならない。このとき、最終年度は変えず、財政再建を先送りする選択肢は与えない。

消費税率は社会保障費ともリンクさせる。医療費・介護費の適正化を含む社会保障改革などが進んで現行ペースよりも歳出増が抑えられれば、最終消費税率も下方修正される。他方、診療報酬や子育て支援などが想定よりも拡充されれば、最終年度はそのままに最終消費税率及び増税ペースも引き上げられなければならない。つまり、①成長など経済見通しの見直しや、②歳出改革・消費税以外の税制改革の動向が、最終消費税率及び増税ペースに「連動」することになる。

最終的な消費税率の設定は、次の二点の意味がある。

第一に、財政再建の帰結を国民に「見える化」することだ。これまで財政再建が進まなかった理由の一つに、最終的に何で辻褄《つじつま》合わせするのか、明確な見通しを持っていなかったことがある。国民も政治家も、消費税の増税ではなく、所得税・法人税などを増税すべきだ、あるいは歳出カットや、経済成長が高まれば何とかなるなど、各々にとって都合の良いシナリオで事態を楽観視し、何もしてこなかった。最終消費税率はこの何もしないときのシナリオ（帰結）を明確にする。一方で、消費税だけで辻褄合わせするわけではない。構造改革、歳出改革から生まれた成果を、政治家、官僚など一部関係者ではなく、最終消費税率の引き下げという形で広く国民に及ぶことを明らかにする。

第二に、構造改革や歳出改革・税制改革を進める原動力になることだ。経済成長の堅実シナリオと、現行ペースの歳出増を前提にして最終消費税率を算出し、コミットする。これによって政治家や官僚のマインドを楽観的な計画から、確実な計画の実行に転換する。最終消費税率は構造改革や歳出改革等の「起点」になるのである。筆者は消費税の大幅な増税を必須であるとしているわけではない。増税を避けるなら、そのための知恵を出し合う工夫が財政制度に組み込まれるべきであるということだ。

独立財政機関の設置

消費税率に関する将来見通しも国民からの信認がなければ意味がない。これまでを振り返っても、日本では「何を言うか」よりも「誰が言うか」の方が大事、内容よりもその提供元である組織・個人への信用が重視されてきた。こうした風潮を否定するわけではないが、信頼できる政治家や官僚なら、その誰かに政策を「白紙委任」して良いわけでもあるまい。ややもすればポピュリストの台頭を招きかねない。

財政でも重要なのは、国民の財政再建への信認だろう。その一環として、将来の財政見通し（試算）に政治的中立性を与えること、独立財政機関の設置が考えられる。

本書では、度々楽観的な推計の問題点を挙げてきた。実際、アベノミクスの脱デフレ・成長戦略を担ってきた内閣府が「中長期の経済財政に関する試算」を定期的に公表してきたが、その試算は「お手盛り」感が否めない。他方、財務省の「我が国の財政に関する長期推計」などは、より堅実ともいえるが、消費税を増税するための「陰謀」との批判が付きまとう。

英国では、このような政治的バイアスを除くため、2010年に「予算責任庁」を設立した。これは政府からも独立した財政推計機関で、将来の経済見通しから経済政策・増税の影響を試算し、近年ではEU離脱のインパクトなどを発表してきた。ただし、この予算責任庁が行うのはあくまで推計で、政策への評価はしない。政策の当事者にならず、第三者的な視点を確保する工夫といえる。

とはいえ、その影響力は大きい。2022年秋に英国でトラス内閣が財政的な裏付けのないまま、拡張的な財政政策を打ち出したため、市場が混乱する「トラスショック」が起きたことは第二章で述べた通りである。要因の一つには、トラス案が実施されたときの経済財政の見通しを予算責任庁が示していなかったことがある。後継のスナク内閣が、2022年11月に新たな財政計画を公表、予算責任庁もそれに基づいた見通しを示したことで市場は落着きを取り戻した。

ほかの国にも同様の独立財政機関がある。オランダの経済政策分析局は1945年に、米国の議会予算局は1974年に設立されている。最近はOECD諸国で設置が相次ぎ、2007年にスウェーデンの財政政策会議が、2008年にカナダの議会予算官が、そして2010年が先の英国の予算責任庁で、2011年にアイルランドの財政諮問会議と続く。

経済の動向には不確定要素が多く、これらの機関の試算が正確というわけではないが、試算の仕方や前提となる条件や情報を開示することで透明性は高められる。誰が発信しているか、を重んじる日本において、独立財政機関の試算は財政再建への信頼を得る有効な手法といえそうだ。これら機関には一定の政治的独立性を付与し、予算の前提となる経済見通し作成や、中長期の財政推計などを担わせることが想定される。

日本の独立財政機関はまだ存在しないが、設置を期待する声も強い。

3　財政を自分事にする

財源の「見える化」

本書では繰り返し財政を自分事にする重要性を強調してきた。その自分事になった事例がイタリア・ナポリ市だ。2012年8月の雑誌「ニューズウィーク」に「財政破綻で巨大ゴキブリがナポリを占拠」との記事が掲載された。ナポリの市内の下水道から大量のゴキブリが地上に出てきたという。大きくなれば8センチにまで成長するのもいる。大量発生の原因は「債務危機のあおりで清掃局の予算が削減されたため、この1年間は一度も下水の清掃や消毒をしなかったせい」だ。「ゴキブリが多過ぎて、ナポリの道を歩くとクッキーを踏み付けているような気持ち悪い音がする」とのコメントもあるが、あまり想像したい光景ではない。

これが財政危機の帰結だ。下水道の管理は無論のこと、道路の舗装・修繕やゴミの収集など、これまで当然視していた公共サービスが滞って市民の生活や経済活動に支障をきたすことになる。とはいえ、こうした危機感は一般国民には伝わっているようには思われない。そもそも、下水道・道路の管理やゴミの回収を担っているのは地方自治体である。国の財政が悪化したとして、これらの公共サービスとどのように関わるのかが見え難い。

この問題の背景には、国と地方の財政関係がある。

日本では道路の整備や学校教育、介護・福祉に至るまで身近な公共サービスを地方自治体が担ってきた。少子化対策が強化されて児童手当などが充実すれば、これも自治体の仕事になる。国・地方を合わせた歳出のうち地方分が6割強を占める。他方、税収の国と地方の比率は概ね6対4と反対になり、地方の財源が足りない部分を国が財源保障している。

2021年度で見ると、地方全体の歳入約128兆3000億円（地方債を含む）のうち、交付税・交付金、国庫支出金といった国から地方への財政移転が全体の42%、54兆4000億円を占める。児童手当や医療・介護などの政策は国が決定し、補助金・交付税といった形で財源を手当てする一方、政策の執行は自治体に委ねてきたのである。

ちなみに、交付税は使途が原則自由な「一般補助金」に分類される。学校教育費や社会福祉など行政サービスごとに見積もられた自治体の財政ニーズ（「基準財政需要」という）と、当該自治体の財政力との差額に応じて配分される。一方、国庫支出金は「特定補助金」に分類され、国によって教育や生活保護、公共事業など特定の用途が条件づけられている。

2025年度に国・地方合わせて基礎的財政収支の黒字化が謳《うた》われてきたが、地方に限ってみれば基礎的財政収支は既に黒字化している。なぜなら、国が地方に対して手厚い財源保

7-3　国と地方の財政関係

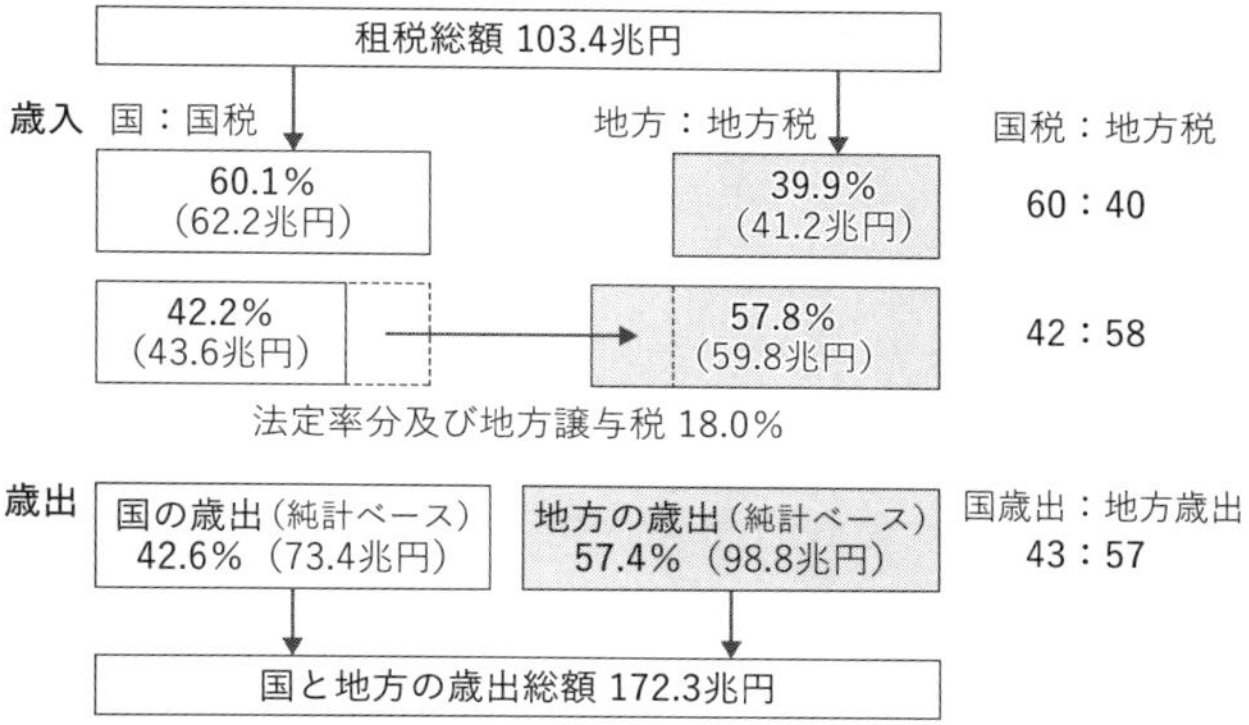

地方交付税法定率	
所得税	33.1%
法人税	33.1%
酒税	50.0%
消費税	19.5%
地方法人税	全額

注：歳入・歳出は令和元年度、地方交付税法定率は令和３年度
出所：財務省資料

障をしているためだ。また国側には、地方の一般財源の総額（地方税と交付税等の合計）を、それ以前の水準を下回らないようにする「一般財源総額実質同水準ルール」が課され、国の財政健全化が地方に対する財源保障を損なわないよう、釘が刺されてもいる。

　東京都のように税収が豊かな自治体は交付税を受け取っていないが、多くの自治体は交付税を受けとる交付団体だ。更に、赤字地方債である「臨時財政対策債」を含めて地方債の元利償還費の少なくない部分は交付税で補われてきた。つまり、国は地方の借金の肩代わりもしてきたのである。

ところがここで国が財政危機に陥り、各自治体への補助金が削減されたらどうなるか？　自治体はこれまで補助金で賄ってきた公共サービスの提供が困難になる。更に地方債の発行も難しくなり、国に続く形で財政難に陥ってしまうだろう。

これまでも国と地方が一体になった財政の健全化が謳われてきた。しかし問題は、自治体側の危機感は希薄なことだ。結局「国が何とかしてくれる」と当てにしているところもあるのだろう。

本来、国と地方は財政への危機感を共有し、増税であれ歳出削減であれ、財政再建の「痛み」を分かち合うことが必要だ。ではどうするか？　一案は、公共サービスの財源を、住民に「見える化」することだ。

具体的には社会保障、学校教育、インフラ整備など、公共サービスごとにその財源を、①地方税など自治体が自分たちで賄う自主財源、②地方交付税を含む国からの財政移転、③自治体の借金である地方債に区別する。

更に、②財政移転においては、国の財政赤字で確保された部分を明らかにする。地方債に加えて、財政移転の中の財政赤字相当分が将来世代の負担ということになる。これらの情報を自治体の予算・決算書に明記すれば、広く地域住民も自治体が提供する公共サービスの財源の内訳を知ることになろう。

なお前述の通り、赤字地方債などは将来の交付税で元利償還されていること、だから自治体の負担にならないというのではなく、その財源が究極的には将来世代の税負担であることも強調しておくのが望ましい。

自分たちが日常、当然のように享受している公共サービスの財源になっている、①現在の国からの財政移転の多くが財政赤字に拠ること、②地方債の元利償還費も将来の国の財政移転に少なからず依存することが明らかになれば、国が財政的に行き詰まったとき、当該公共サービスを維持できなくなるのは容易に想像できるだろう。イタリア・ナポリ市で発生したゴキブリも決して他人事ではない。このように財源を「見える化」すれば、国の財政が「自分事」になり易い。その財政への危機意識が自治体や地域住民のレベルで高まれば、国が財政健全化を進める上で原動力にもなるはずだ。

財源の見える化の具体的な算出例は、本章末のコラムを参照してもらいたい。

歴史はみている

財政を巡る議論の中でしばしば混乱するのが政策の「規範」と「実態」だ。例えば公共事業には、成長に不可欠なインフラの整備という、規範的な役割がある。他方、その実態をみれば、政治家が選挙目当てのバラまき、自分の選挙区への利益誘導に使っている節も否めない。

ここで公共事業を擁護する政治家などは、その規範を強調して、エビデンスではなく幾つかの成功エピソードを挙げる傾向がある。これと対照的に、公共事業の批判者は、バラまきの実態を指摘するが、本来あるべき役割＝規範を過小評価しているように思われる。この結果、規範を重んじて公共事業を拡充（昨今の「国土強靱化」も一例）すればバラまきが助長され、当初予算ばかりか補正予算も膨張する。一方、実態に応じて公共事業の予算を一律に削減すれば、それにも弊害がある。特に地方経済の成長機会が損なわれてしまう。

同じことが財政赤字にも言えそうだ。例えば、２０２５年度に国と地方を合わせた基礎的財政収支を黒字化させるという財政再建目標に縛られるよりも、いずれ基礎的財政収支を黒字化させるが今は経済の動向に合わせて柔軟に財政を運営すると言う方が、もっともらしく聞こえる。しかし政治家には、それを口実に財政規律を弛緩させ、選挙目当てにバラまきをしたい政治的な動機があることも忘れてはならない。

ブキャナン＝ワグナーは著書『赤字財政の政治経済学』で、民主国家の財政運営は財政赤字にバイアスが掛かりやすいとした。不況期の財政赤字には誰も反対しないが、好況時に財政黒字になるように増税や歳出抑制することには人々の抵抗が大きいからだ。このバイアスを解消するためには、最初から「均衡財政」を課して赤字を出さないのが望ましいという。とはいえ、財政赤字にも景気の安定化やインフラ整備の財源としての経済成長の促進という規範的な役割があるのも確かだ。財政赤字を放置するのでも、否定するのでもなく、これを「賢く」コントロールする術が求められるのだろう。

しかし、歴史は財政をコントロールする難しさを示している。

1931年12月〜36年2月の高橋是清大蔵大臣によるいわゆる「高橋財政」が一例だ。高橋是清は為替レートを金に紐付ける「金本位制」から離脱して、円安を許容して輸出増を図るとともに、それまでの緊縮財政を転換させて財政支出を拡大させた。公共事業を多く行ったほか、1931年9月には満州事変もあり軍事費が増加している。それらの財源は、日本銀行による国債引受、つまりは「財政ファイナンス」である。高橋の積極的財政政策は、当時の世界恐慌から日本をいち早く立て直したとの評価があるとともに、不況期の財政出動を提唱したケインズ主義の先駆けともいわれる（更にはMMTの実践例だったという論者もいる）。

もっとも、その副作用は深刻だった。国債の日銀引受は、財政政策と金融政策の関係を大きく変えることになったからだ。金融政策が財政赤字の帳尻を合わせるという意味で、金融政策の財政政策への「従属」を促し、財政拡大に歯止めが利き難くなった。ただし、高橋是清自身は積極財政一辺倒ではなかった。景気が回復してきた1935年の予算編成では財政の引き締めに転じ、その対象には軍事費も含まれた。このため高橋を財政健全化論者とする見方もある（実際のところ本人はあくまで実務家であり、特定の経済思想に固執したわけではないのだろう）。

しかし、これに軍部が反発し、農村の疲弊など社会への不満と相まって、高橋などが暗殺される二・二六事件へと繋がる。その後は軍事費の増加を抑えることができず、財政は膨張を続けていく。増税が繰り返され、それでも足りない財源は国債に依存した。日中戦争・太平洋戦争期の財源の多くは戦時国債で賄われ、その約7割は日銀の直接引受に頼った（関野満夫〔2019〕）。国債の累積額は終戦時までに国内総生産（GDP）を上回る。

その国債は戦後のインフレで実質的に無価値になった。政府の財政負担は軽くなったが、国債を買っていた国民の損失は計り知れない。今となってはどうすれば良かったのかは窺い知ることはできないだろう。そもそも1930年代の積極的財政出動はすべきではなかったのか。とすれば、当時の深刻な不況から脱却するのは難しかったかもしれない。あるいは二・二六事件がなければ、財政健全化へと転換できたのかもしれない。一方で、当時の軍部の圧力に高橋是清は抗することができたのかは疑問が残る。

19世紀のドイツの宰相ビスマルクは、「賢者は歴史から学ぶ」と述べた。ここで歴史から学べることがあるとすれば、日本銀行による国債の引き受けは、いわゆる「パンドラの箱」

で、一旦開けてしまえば元に戻すのは難しいことだ。それはそのままに、昨今の日本にあてはまるだろう。デフレやコロナ禍の中、度重なる大型の補正予算や、実質的な財政ファイナンスとも揶揄される金融緩和など、現在のパンドラの箱は、どのようにして収拾を付けるのだろうか。

ここで想起されるのは17世紀英国の哲学者トマス・ホッブズの『リヴァイアサン』だ。リヴァイアサンとは旧約聖書に出てくる地上最強の怪物である。ホッブズは、人間はそれぞれが自然権を行使すれば「万人の万人に対する闘争」に陥り、社会の混乱を避けるためには、人々は自然権を国家に譲渡、つまり社会契約をすべきであるという。ホッブズは権力を集中させる形で生まれる「国家」をリヴァイアサンと称した。

一方でリヴァイアサンたる国家は、その名の通り怪物でもある。J・M・ブキャナンに代表される公共選択論は、自己利益を追求するべく、国家を課税権などの権力を乱用するまさに怪物として、憲法のレベルでその権力に制限を課す必要性を強調する。

対照的にケインズ経済学の国家観はこれより楽観的だ。ケインズが住んでいた通りにちなんで「ハーベイロードの前提」とも称されるが、政府は民間主体よりも賢く、社会の福利厚生を追求するよう意識づけられた存在とする。ケインズ経済学を標榜《ひょうぼう》する政治家・官僚あるいは学者であれば政府を上手くコントロールできるという自負があるのかもしれない。

実際のところはどうだろうか？　先のブキャナン＝ワグナーが述べたように、民主主義の中には財政赤字へのバイアスが内在しているため、「財政民主主義」を謳うだけでは賢く誠実な政府は実現しそうにない。他方、ここまで見てきた通り、人口の少子高齢化、安全保障、環境問題、格差の是正など、私たちは社会的な課題に対応するために政府を必要としている。であればこそ、課税権や国債発行など強力な権力を有する政府＝リヴァイアサンを良い方向に制御する（ケインズ経済学のいう「ハーベイロードの前提」を「前提」としてではなく「結果」として実現する）術が求められる。他方、いざとなれば民間が保有する金融資産への課税など、無制限の課税権を行使すればよい、だから財政赤字を今は放置しても構わない、というならばリヴァイアサンを更なる強権国家に導きかねない。民主主義が危うくなる。

本書では、社会課題を解決し、また財政を健全化するための方策を議論してきた。これらの方策は国家の持続には必要なものだが、一方で、決して楽なものではないのも事実だ。つまりは、誰もが避けたいことを敢然と実行する勇気、動機付けが問われてくる。それは何か。「歴史」である。私たちが過去を振り返ったときの歴史ではなく、未来＝将来世代が、今を生きる私たちを見たときの歴史である。

現在の我々の決断は、未来からすれば歴史にほかならない。「未来の人々が歴史を振り返る際には、今我々が行おうとしている選択が厳しい評価に晒されることになる」（財政制度等審議会建議「歴史的転機における財政」（2023年5月））

我々は歴史として未来から審判されるのだ。

コラム　財源の「見える化」の算出

本章で述べた財源の「見える化」の計算は次のようになる。

第一に、国の元利償還費を除く（基礎的財政収支の対象となる）支出の中から「目的税外支出」を算出する。消費税は社会保障4経費（年金、医療、介護、子育て支援）の目的税になっている。また、交付税の原資は所得税・法人税など国税5税の一定割合である。国の支出総額からこのような使途が決まった目的税を差し引いたものが（目的税以外で賄われるという意味での）「目的税外支出」である。合わせて、国の税収等から消費税や国税5税などの目的税を除いた収入を「一般税収」とする。7-4の数値例でいえば、政府支出が1200、税収800のうち400が目的税とすれば、「目的税外支出」は800（＝1200－400）、「一般税収」は400（＝800－400）となる。ここで基礎的財政収支赤字は政府支出と税収の差額であり、400に等しい（これは目的税外支出と一般税収の差額にもあたる）。目的税外支出800のうち2分の1は基礎的財政収支赤字による。このように目的税などあらかじめ財源の裏付けのない支出（目的税外支出）に占める基礎的財政収支赤字の割合を「目的税外赤字比率」と呼ぶ。

第二に、補助金別に「目的税外補助金」及び「赤字割合」を計算する。補助金としては交付税や国庫支出金などがあった。これらの補助金に財源的な裏付けがあるとは限らない。消費税（2023年度18兆8000億円）と社会保障4経費（同32兆7000億円）の乖離は「スキマ」と呼ばれ、2023年度は14兆円余りに上る。また、実際の交付税の交付額（同18兆4000億円）も一般会計からの加算があるため原資額より大きい。社会保障4経費のスキマであれ、一般会計からの交付税への加算であれ、国の基礎的財政収支の赤字に繋がる。

交付税についてはは原資の超過分、ほかの補助金のうち社会保障4経費で消費税が充当分を除いた金額を（目的税の裏付けのない）「目的税外補助金」と定義する。

図表7-4では総額が100の補助金Xと同150の補助金Yを与えている。補助金Xについては目的税40を差し引いた60が「目的税外補助金」に等しい。これにも目的税外赤字比率（1／2）を乗じると当該補助金のうち赤字で賄われている金額30（＝60×1／

7-4　公共サービス財源の見える化①

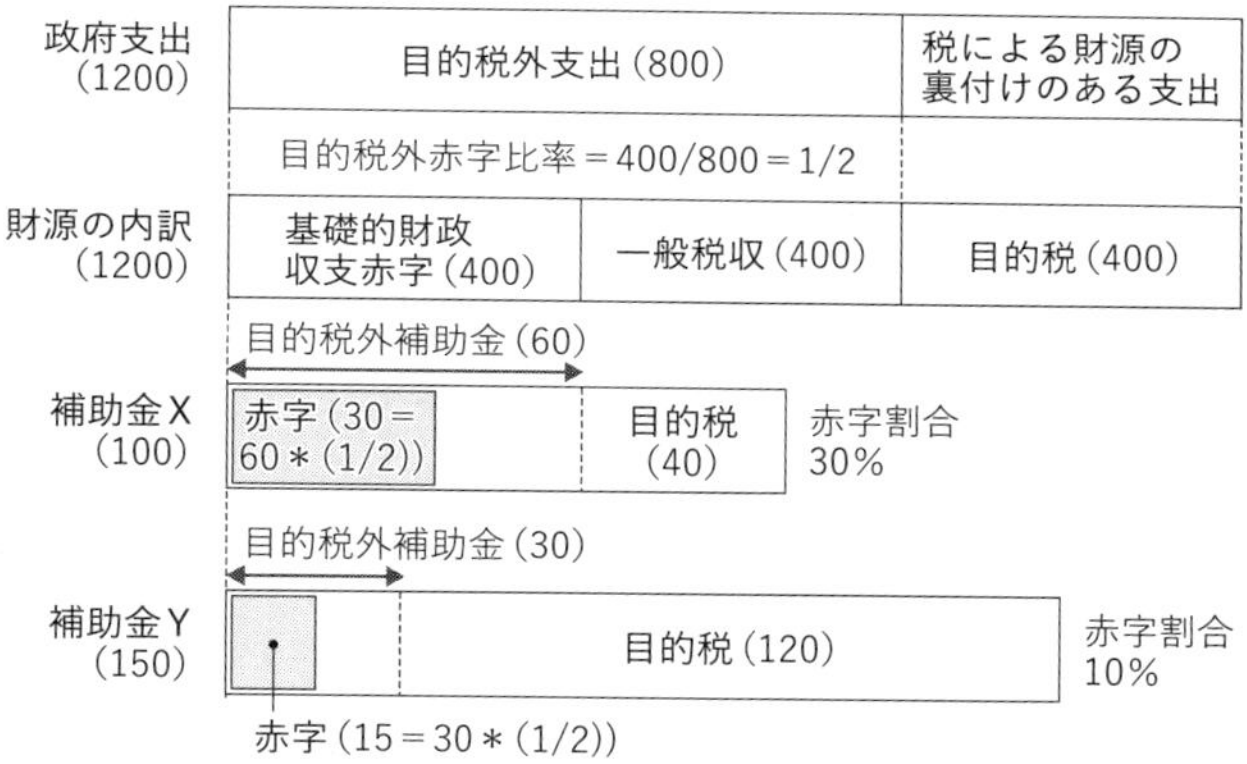

2）が計算される。補助金Yについては目的税外補助金が30であるから、赤字部分は15（＝30×1／2）に等しい。

一般に交付税、児童手当など目的税を含めると補助金によって財源の裏付けは異なる。従って目的税外赤字比率が（数値例では2分の1で）一律でも目的税収を含む補助総額に占める基礎的財政赤字の割合（以下、「赤字割合」）は異なってくる。図表7-4の数値例でいえば、補助金Xの赤字割合は30％（＝30÷100）である一方、補助金Yの赤字割合は10％（＝15÷150）に留まる。一般に各補助金の「赤字割合」は、

赤字割合＝目的税外赤字比率×目的税外補助金÷目的税を含む補助金額

で計算される。

7-5　公共サービス財源の見える化②

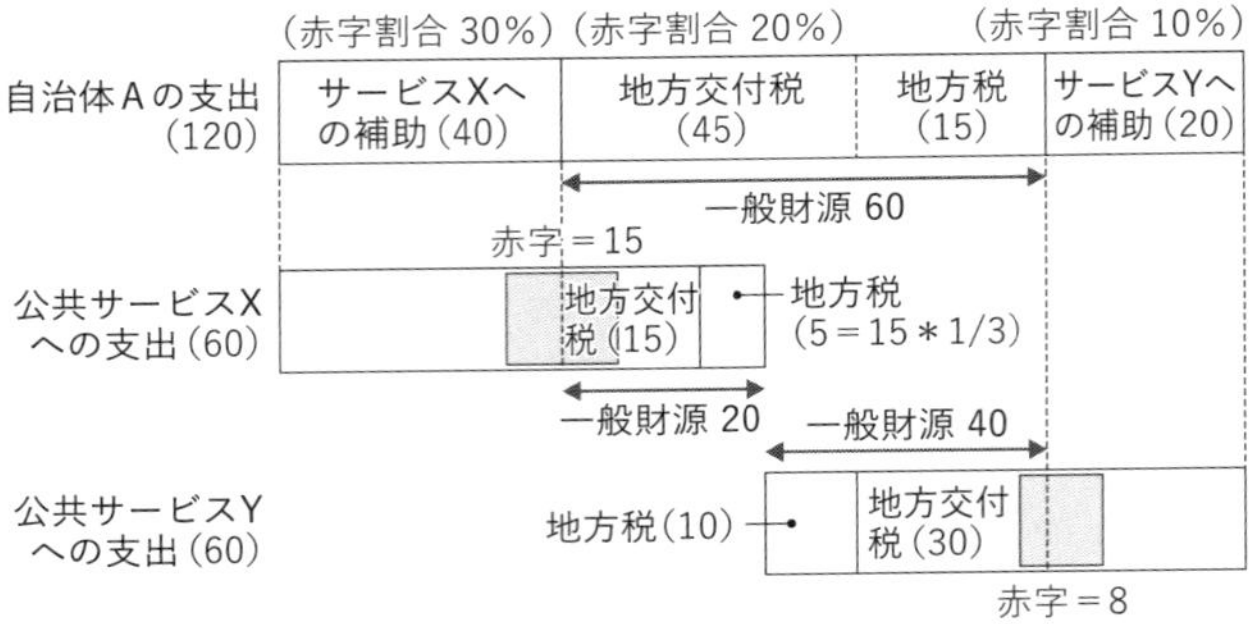

第三に交付税など補助金の種類別に算出された赤字割合から自治体別・公共サービス別の赤字額を計算する。補助金のうち児童手当や学校教育など国が使途を定めた国庫支出金については各自治体に配分されている金額に当該補助金に係る赤字割合を乗じる。交付税は制度上、使途は自治体の裁量にゆだねられている。この場合、交付税と地方税を合わせた「一般財源」に当該公共サービスの支出割合を計算の上、これに交付税の赤字割合を乗じれば良い。一般に公共サービスの財源には交付税と国庫支出金が含まれる。それぞれの赤字額を合わせた金額が当該公共サービスに起因する国の基礎的財政赤字となる。

このことを7-5の数値例で説明しよう。

財源規模が120の自治体を想定する。この自治体は公共サービスX（例：教育）とY（例：社会保障）を提供している。財源は地方税（自主財源）15のほか、地方交付税45と各公共サービスへの補助金（Xが40、Yが20）である。簡素化のため地方債は捨象する。交付税の赤字割合は20%、公共サービスX及びY向け補助金の赤字割合は各々30%、10%としよう。一般財源（＝地方税＋交付税）60のうち、公共サービスXに充てられているのが20、Yは40である。よって交付税のうち3分の1（＝20÷60）の15（＝45×（1／3））が公共サービスX向け補助金の赤字割合は30%だから補助額40のうち12（＝40×30%）が赤字による。公共サービスXに回っているものとみなせる（残り3分の2にあたる30はYに充当）。交付税の赤字割合は20%、Xに充てる交付税は15だから赤字は3（＝15×20%）に等しい。

結果、公共サービスXへの支出60に起因する国の基礎的収支赤字額は、15（＝12＋3）となる。公共サービスYについても、赤字額は同様に算出できる（20×10%＋30×20%＝8）。

あとがき

ヒトからの信認をカネでは買えない。しかし、ヒトからカネを借りるには信認が要る。

歴史的にも、政府は国債への信認の確保に腐心してきた。近世欧州の君主国家において、国債は国王の私的な負債のようなものだったため、王位が代わる度にその返済が危ぶまれていた。実際、国債が不履行＝デフォルトになった例も数多い。

その後、名誉革命（１６８８～８９年）を果たした英国で議会政治が発展し、ここでようやく国債に対する市場（投資家）の信認を得ることに成功したといわれる。政府や議会という恒久的な組織が国債の償還を保証する役割を果たしたのである。結果、政府は戦時に国債を発行して市場から戦費を調達し、平時に課税権を行使して国債の償還に充てるサイクルが生まれた。英国はこのサイクルでフランスとの七年戦争（１７５６～６３年）やナポレオン戦争（１７９６～１８１５年）を乗り切っていく。

とはいえ、このサイクルが常にうまく働いていたわけではない。英国は植民地に対して一方的に課税を行いながら代議士を立たせなかった。それへの反発がアメリカ独立戦争の契機になり、「代表なくして課税なし」というスローガンをも生んだ。

財政サイクルの不順は現在の日本にも当てはまる。

コロナ禍や大規模災害、深刻な不況など、非常時に陥る度に政府は国債で財源を賄い、財政出動で経済を支える。その後、経済が正常化すれば財政も平常モードに回帰させ国債の償還を進める。財源は、経済活動の回復による税収の自然増のほか、不足分は増税や歳出の抑制などで賄う。こうした平時の財政健全化があればこそ、市場の国債への信認が維持され、次の危機への備えもできる。序章で紹介した財政の「経済安定化機能」である。

しかし、政治、とりわけ民主主義には、財政赤字を容認するバイアスがある。つまり、非常時から平時に戻っても、財政赤字の解消に消極的になり、平時の支出にまで、例えば子育て支援などの社会保障にまで財政赤字で穴埋めをしようとする。政治はそうした支出を「未来への投資」と称するが、実態は「未来の負担」であったりする。あるいは「非常時が終わっていない」というなら、それは補助金など非常時の支出が既得権益化している結果かもしれない。いずれにせよ、目先の景気や現世代の利益しか考えられない政治であれば、それは近視眼的というだけでなく思考停止にも近い。

しかし、改めて考えてほしいのは、財政は社会のインフラ＝基盤であり、地球の環境や国家の安全保障と同様に、将来世代に残すべき財産でもあるということだ。

最後に各章のポイントを振り返りながら本書を締めくくりたい。

各章で述べてきた通り、財政再建において重要な役割を果たすのは消費税である。消費税は本来、社会保険料や法人税などほかの税と比べても成長との親和性の高い税である。よって、負担の逆進性に配慮しながら、消費税を軸に財源を確保することが肝要だ。

財政赤字に歯止めを掛けるには「ペイアズユーゴー」のような財政ルールが必要だ。あらかじめ消費税増税の工程表を定めて、財政収支を均衡化させる変数を明らかにしてよいだろう。そして、増税を行う際には、低所得層などの生活を直撃する懸念がある。そうであれば増税を避けるのではなく、第六章で紹介した英国のリアルタイム情報システムなどを導入して、低所得層を適切に捕捉して給付を行うべきだ。財政健全化と、低所得層の生活を守るセーフティネットの充実を合わせて行うのである。

同時に賢い支出、ワイズスペンディングの徹底が重要になる。つまり、国民の生活や経済の成長に欠かせない支出は守る一方、効果にエビデンスが乏しい支出は削減する。また、第四章で強調したように、イノベーションと企業の新陳代謝、雇用の流動化を促進して生産性を高め、経済の成長力を強化する。これらを行うことで財政出動に依存し続けない経済を構築することだ。本来、問われるべきは財政再建の「是非」ではなく、その「内容」なのである。

世界経済の一体化によって、グローバル企業が躍進し、課税逃れも散見するようになった。21世紀の変化に合わせて、税制も進化していく必要がある。税制のイノベーションとして、超過利益への課税と、市場国への課税権の配分が考えられる。具体的な課税方法として、キャッシュフロー税の導入などが考えられるだろう。

東京財団政策研究所のアンケート調査によれば、国民は財政赤字に対して一定の危機感を持ち、MMTのように財政赤字を問題視しない回答は少数だった。他方、財政赤字は、社会保障サービスの受益と負担の乖離が原因である、とする意識は乏しかった。そのような背景もあって消費税の増税への反発も大きいのだろう。国民との合意形成に繋げるためには、第七章で述べたように、社会保障給付に財政赤字がどれだけ使われているか、受益と負担の「見える化」など、制度設計・環境整備が欠かせない。

もちろん、消費増税の是非などについては、国民の間で様々な見解があってしかるべきだ。ただし、そうした見解は国民が皆、「自分事」として冷静に考えた上で成されるのが望ましい。

近年、市場経済を重視する新自由主義への批判から、政府の役割への期待が高まっている。

岸田政権も、その風潮をとらえて「新しい資本主義」を標榜している。しかし、市場が失敗するように、政府も失敗する。よって、市場も政府も不完全なものとして相互に失敗の可能性を踏まえながら、人口減少や少子高齢化、経済低迷や地政学的リスクの高まりなど、現代的な課題に取り組んでいく必要がある。

これらの難題に短期的な解決は見込めない。国家安全保障では国家の有事に戦闘を継続する「継戦力」が重視されてきているが、同じことが財政にもいえよう。財政が「持続可能」でなければ、これらの課題に継続的に対処できないのである。

筆者が懸念するのは、放漫財政が続いた結果、民主主義の下では財政の健全化はできないという考えが定着することだ。世界では中国やロシアをはじめ強権的な権威主義国家が台頭してきている。「強いリーダーシップ」といえば聞こえが良いが、消費税の増税や社会保障を含む歳出の見直しに対して、もしも政治の強権が求められることになれば、まさに民主主義の危機にほかならない。はたまた、財政赤字を寛容し続け、アルゼンチンなどのように財政破綻の道を選ぶことも望ましくない。

繰り返すが、民主主義の政治には否応なく財政赤字へのバイアスが伴う。しかし、目指すべきは「財政民主主義」で、究極的には国民が財政をコントロールし、規律付けることである。民主主義で財政赤字を解決できるか、それが今、試されている。

本書の議論は、必ずしもわかりやすいわけでも、耳ざわりがよいわけでもないだろう。しかし、「わかりやすい」あるいは「耳ざわりがよい」主張が正しいわけではないことにも注意が必要だ。そもそも、財政は、税制や社会保障制度など、その制度も経済への影響も、複雑でわかりにくいものだ。また、財政再建は単に消費税増税の是非を問うわけではなく、前述の通り、セーフティネットの整備や経済の成長力強化など幾つかの対策と一体的でなければならない。これらを理解するには俯瞰的な視野と熟慮が求められる。

本書が読者にとって財政について俯瞰的な視野をもって熟慮する一助になれば幸いである。

最後に、本書の執筆にあたっては2022年夏の企画から2024年春の校正作業の完了まで、中公新書の工藤尚彦氏には様々にご尽力頂いた。この場を借りて御礼申し上げたい。

また、家族を含めて私の財政学の研究を支えてくれた全ての方々に感謝の意を表したい。

思えば、私が財政学に出会ったのは学生時代、後に一橋大学学長・政府税制調査会会長を歴任された石弘光教授の学部ゼミに参加したときだった。1990年当時の日本の財政は諸外国に比べても健全だったが、よもやその財政の問題にこれほど長く携わることになるとは思いも寄らなかった。

願わくは、この問題を自分の息子を含めて次の世代には残したくないものである。

２０２４年３月

佐藤主光

柴田洋二郎（2017）「フランスの医療保険財源の租税化」JR Iレビュー Vol.9, No.48
Richard Blundell and Andrew Shephard（2007）"Tax-Credit Policies for Low Income Families: Impact and Optimality" Presented at: WPEG Conference 2007 http://discovery.ucl.ac.uk/id/eprint/16004/1/16004.pdf

【第七章】

OECD（2019）*"OECD Economic Surveys Japan"* https://www.oecd.org/economy/surveys/Japan-2019-OECD-economic-survey-overview.pdf
佐藤主光（2018）「経済を見る眼　財務省不信がもたらすもの」東洋経済（2018年５月19日） https://toyokeizai.net/articles/-/565814
佐藤主光（2019）「消費税の再増税と財政再建」東京財団政策研究所 https://www.tkfd.or.jp/research/detail.php?id=3271
関野満夫（2019）「日本の戦費調達と国債」経済学論纂（中央大学）第60巻第２号
T. ホッブズ（水田洋訳）『リヴァイアサン』岩波文庫　1954年
財政制度等審議会（2023）建議「歴史的転機における財政」（2023年５月）

主要参考文献

内閣府・財務省・日本銀行（2013）「「デフレ脱却と持続的な経済成長の実現のための政府・日本銀行の政策連携について」（2013年1月）

【第四章】
佐藤主光（2023）「いまこそ中小企業の“廃業支援”を　産業の新陳代謝へ政策を転換せよ」週刊エコノミスト（2023年3月19日）
原田 泰・黒田 岳士「なぜアルゼンチンは停滞し、チリは再生したのか」ESRI Discussion Paper Series No.46（2003年6月）
新しい資本主義実現会議「三位一体の労働市場改革の指針」令和5年5月16日
新しい資本主義実現会議（2022）「新しい資本主義のグランドデザイン及び実行計画」（令和4年6月7日）
財政制度等審議会（2022）「令和5年度予算の編成等に関する建議」（令和4年11月）
国立社会保障・人口問題研究所「日本の将来推計人口（令和5年）」

【第五章】
Arnold（2008）*Do Tax Structures Affect Aggregate Economic Growth? Empirical Evidence From a Panel of Oecd Countries*, Economics Department Working Papers, OECD
佐藤主光（2017）『公共経済学15講』新世社
佐藤主光（2019）「働き方の多様化と所得課税の在り方について」東京財団政策研究所　提言「「働き方改革」と税・社会保障のあり方」第4章2019年9月
（財）企業活力研究所（2010）「マーリーズ・レビュー研究会報告書」https://www.japantax.jp/teigen/file/20100622.pdf

【第六章】
佐藤主光（2017）「英国のPAYE（Pay As You Earn）に学ぶ所得情報のデジタル化」東京財団政策研究所、2017年1月20日　https://www.tkfd.or.jp/research/detail.php?id=2793
佐藤主光（2017）「英国のユニバーサルクレジットに学ぶ」東京財団政策研究所「ICTの活用と税・社会保障改革」第2章　https://www.tkfd.or.jp/research/detail.php?id=2599
佐藤主光（2022）「経済を見る眼「非課税世帯へ5万円給付」の落とし穴」東洋経済（2022年10月12日）　https://toyokeizai.net/articles/-/624203
佐藤主光（2023）「応能原則に基づき社会保険料の租税化を：持続可能な財源確保に向けて」月刊金融ジャーナル64（1）, 34-37, 2023-01

主要参考文献

【第一章】

A. T. Peacock and J. Wiseman, *The Growth of Public Expenditure in the United Kingdom*, 1961, https://www.nber.org/system/files/chapters/c2302/c2302.pdf

IMF（2023）"Japan:2023 Article IV consultation" https://www.imf.org/en/Publications/CR/Issues/2023/03/30/Japan-2023-Article-IV-consultation-Press-Release-Staff-Report-and-Statement-by-the-531587

佐藤主光（2022）「安全保障が明らかにした日本の財政の課題」東京財団政策研究所https://www.tkfd.or.jp/research/detail.php?id=4074

【第二章】

Christopher A. Sims（2016）"*Fiscal policy, monetary policy and central bank independence*" Designing resilient monetary policy frameworks for the future : a symposium sponsored by the Federal Reserve Bank of Kansas City, Jackson Hole,

佐藤主光（2019）「Modern Monetary Theory（MMT）とは何か？」東京財団政策研究所https://www.tkfd.or.jp/research/detail.php?id=3078

佐藤主光（2017）「シムズの物価の財政理論（FTPL）と財政再建」東京財団政策研究所https://www.tkfd.or.jp/research/detail.php?id=2814

内閣府（2023）「中長期の経済財政に関する試算」（令和５年７月25日経済財政諮問会議提出） https://www5.cao.go.jp/keizai3/econome/r5chuuchouki7.pdf

【第三章】

Buchanan, J. M.（1977）, *Democracy in Deficit: The Political Legacy of Lord Keynes*, with R. E. Wagner, Academic Press, Inc., New York.（深沢実・菊地威訳『赤字財政の政治経済学―ケインズの政治的遺産―』文眞堂、1979年）

Robert J. Barro（1974）"Are Government Bonds Net Wealth?" *Journal of Political Economy*, Vol. 82, No. 6

シュムペーター著（木村元一 訳、小谷義次 訳）『租税国家の危機』岩波書店　1983年

牧野邦昭（2018）『経済学者たちの日米開戦―秋丸機関「幻の報告書」の謎を解く』（新潮選書）

佐藤主光（さとう・もとひろ）

1969年生まれ．1992年一橋大学経済学部卒業．98年カナダ・クイーンズ大学経済学部Ph.D.取得．一橋大学講師，准教授などを経て，2009年より一橋大学経済学研究科教授．23年より同大学経済学部学部長．政府税制調査会委員・特別委員，財務省財政制度等審議会委員，内閣府規制改革推進会議委員など歴任．2019年に日本経済学会石川賞受賞．

著書『地方税改革の経済学』（日本経済新聞出版社，2011年，エコノミスト賞受賞），『公共経済学15講』（新世社，2017年）

共著『地方交付税の経済学』（有斐閣，2003年，日経・経済図書文化賞），『ポストコロナの政策構想』（日経BP，2021年）など

日本《にほん》の財政《ざいせい》

——破綻回避《はたんかいひ》への５つの提言《ていげん》

中公新書 *2802*

2024年５月25日発行

著　者　佐藤主光

発行者　安部順一

本文印刷　暁印刷

カバー印刷　大熊整美堂

製　　本　小泉製本

発行所　中央公論新社

〒100-8152

東京都千代田区大手町1-7-1

電話　販売 03-5299-1730

　　　編集 03-5299-1830

URL https://www.chuko.co.jp/

Published by CHUOKORON-SHINSHA, INC.

Printed in Japan　ISBN978-4-12-102802-0 C1233

中公新書刊行のことば

いまからちょうど五世紀まえ、グーテンベルクが近代印刷術を発明したとき、書物の大量生産は潜在的可能性を獲得し、いまからちょうど一世紀まえ、世界のおもな文明国で義務教育制度が採用されたとき、書物の大量需要の潜在性が形成された。この二つの潜在性がはげしく現実化したのが現代である。

いまや、書物によって視野を拡大し、変りゆく世界に豊かに対応しようとする強い要求を私たちは抑えることができない。この要求にこたえる義務を、今日の書物は背負っている。だが、その義務は、たんに専門的知識の通俗化をはかることによって果たされるものでもなく、通俗的好奇心にうったえて、いたずらに発行部数の巨大さを誇ることによって果たされるものでもない。現代を真摯に生きようとする読者に、真に知るに価いする知識だけを選びだして提供すること、これが中公新書の最大の目標である。

私たちは、知識として錯覚しているものによってしばしば動かされ、裏切られる。私たちは、作為によってあたえられた知識のうえに生きることがあまりに多く、ゆるぎない事実を通して思索することがあまりにすくない。中公新書が、その一貫した特色として自らに課すものは、この事実のみの持つ無条件の説得力を発揮させることである。現代にあらたな意味を投げかけるべく待機している過去の歴史的事実もまた、中公新書によって数多く発掘されるであろう。

中公新書は、現代を自らの眼で見つめようとする、逞しい知的な読者の活力となることを欲している。

一九六二年一一月

中公新書

世界史

中公新書

世界史

1045 物語 イタリアの歴史　藤沢道郎
1771 物語 イタリアの歴史 II　藤沢道郎
2595 ビザンツ帝国　中谷功治
2663 物語 イスタンブールの歴史　宮下　遼
2152 物語 近現代ギリシャの歴史　村田奈々子
2440 バルカン―「ヨーロッパの火薬庫」の歴史　M・マゾワー 井上廣美訳
1635 物語 スペインの歴史　岩根圀和
1750 物語 スペインの歴史 人物篇　岩根圀和
1564 物語 カタルーニャの歴史（増補版）　田澤　耕
2582 百年戦争　佐藤　猛
2658 物語 パリの歴史　福井憲彦
1963 物語 フランス革命　安達正勝
2286 マリー・アントワネット　安達正勝
2529 ナポレオン四代　野村啓介
2318 2319 物語 イギリスの歴史（上下）　君塚直隆
2696 物語 スコットランドの歴史　中村隆文
2167 イギリス帝国の歴史　秋田　茂
1916 ヴィクトリア女王　君塚直隆
1215 物語 アイルランドの歴史　波多野裕造
1420 物語 ドイツの歴史　阿部謹也
2766 オットー大帝―辺境の戦士から「神聖ローマ帝国」樹立者へ　三佐川亮宏
2801 神聖ローマ帝国　山本文彦
2304 ビスマルク　飯田洋介
2490 ヴィルヘルム2世　竹中　亨
2583 鉄道のドイツ史　鴋澤　歩
2546 物語 オーストリアの歴史　山之内克子
2434 物語 オランダの歴史　桜田美津夫
2279 物語 ベルギーの歴史　松尾秀哉
1838 物語 チェコの歴史　薩摩秀登
2445 物語 ポーランドの歴史　渡辺克義
1131 物語 北欧の歴史　武田龍夫
2456 物語 フィンランドの歴史　石野裕子
1758 物語 バルト三国の歴史　志摩園子
1655 物語 ウクライナの歴史　黒川祐次
1042 物語 アメリカの歴史　猿谷　要
2209 アメリカ黒人の歴史　上杉　忍
2623 古代マヤ文明　鈴木真太郎
1437 物語 ラテン・アメリカの歴史　増田義郎
1935 物語 メキシコの歴史　大垣貴志郎
2545 物語 ナイジェリアの歴史　島田周平
2741 物語 オーストラリアの歴史（新版）　竹田いさみ 永野隆行
1644 ハワイの歴史と文化　矢口祐人
2561 キリスト教と死　指　昭博
2442 海賊の世界史　桃井治郎
518 刑吏の社会史　阿部謹也

日本史

中公新書

日本史

d2

2127 河内源氏 元木泰雄
2573 公家源氏—王権を支えた名族 倉本一宏
2705 平氏—公家の盛衰、武家の興亡 倉本一宏
2655 刀伊の入寇 関幸彦
1622 奥州藤原氏 高橋崇
1867 院政（増補版） 美川圭
608・613 中世の風景（上下） 阿部謹也・網野善彦・石井進・樺山紘一
1503 古文書返却の旅 網野善彦
1392 中世都市鎌倉を歩く 松尾剛次
2336 源頼政と木曽義仲 永井晋
2526 源頼朝 元木泰雄
2678 北条義時 岩田慎平
2517 承久の乱 坂井孝一
2761 御成敗式目 佐藤雄基
2779 日蓮 松尾剛次

2461 蒙古襲来と神風 服部英雄
2653 中先代の乱 鈴木由美
2601 北朝の天皇 石原比伊呂
2463 兼好法師 小川剛生
2443 観応《かんのう》の擾乱《じょうらん》 亀田俊和
2179 足利義満 小川剛生
978 室町の王権 今谷明
2401 応仁の乱 呉座勇一
2767 足利将軍たちの戦国乱世 山田康弘
2058 日本神判史 清水克行
2139 贈与の歴史学 桜井英治
2481 戦国日本と大航海時代 平川新
2688 戦国日本の軍事革命 藤田達生
2084 戦国武将の手紙を読む 小和田哲男
1213 流浪の戦国貴族 近衛前久 谷口研語
2665 三好一族—戦国最初の「天下人」 天野忠幸
1625 織田信長合戦全録 谷口克広

1782 信長軍の司令官 谷口克広
1907 信長と消えた家臣たち 谷口克広
2421 織田信長の家臣団—派閥と人間関係 和田裕弘
2503 信長公《しんちょうこう》記《き》—戦国覇者の一級史料 和田裕弘
2645 天正伊賀の乱 和田裕弘
2758 柴田勝家 和田裕弘
2785 長篠合戦 金子拓
2622 明智光秀 福島克彦
784 豊臣秀吉 小和田哲男

中公新書

日本史

d3

政治・法律

中公新書

政治・法律

h1

125 法と社会　碧海純一
819 アメリカン・ロイヤーの誕生　阿川尚之
2773 実験の民主主義　宇野重規
2347 代議制民主主義　待鳥聡史
2631 現代民主主義　山本　圭
1905 日本の統治構造　飯尾　潤
2691 日本の国会議員　濱本真輔
2537 日本の地方政府　曽我謙悟
2558 日本の地方議会　辻　陽
1687 日本の選挙　加藤秀治郎
2752 戦後日本政治史　境家史郎
1845 首相支配―日本政治の変貌　竹中治堅
2651 政界再編　山本健太郎
2428 自民党―「一強」の実像　中北浩爾
2695 日本共産党　中北浩爾
2233 民主党政権　失敗の検証　日本再建イニシアティブ
2101 国会議員の仕事　林　芳正／津村啓介
2418 沖縄問題―リアリズムの視点から　高良倉吉編著
2439 入門　公共政策学　秋吉貴雄
2620 コロナ危機の政治　竹中治堅

中公新書

現代史

2774 ケマル・アタテュルク　小笠原弘幸
2415 トルコ現代史　今井宏平
2670 サウジアラビア―「イスラーム世界の盟主」の正体　高尾賢一郎
2437 中国ナショナリズム　小野寺史郎
2600 孫基禎《ソン・ギジョン》―帝国日本の朝鮮人メダリスト　金　誠
2034 感染症の中国史　飯島　渉
2700 新疆ウイグル自治区　熊倉　潤
1959 韓国現代史　木村　幹
2602 韓国社会の現在　春木育美
2682 韓国愛憎　木村　幹
1596 ベトナム戦争　松岡　完
2787 カーストとは何か　鈴木真弥

経済・経営

- 2000 戦後世界経済史　猪木武徳
- 2185 経済学に何ができるか　猪木武徳
- 2659 経済社会の学び方　猪木武徳
- 1936 アダム・スミス　堂目卓生
- 2679 資本主義の方程式　小野善康
- 2307 ベーシック・インカム　原田　泰
- 2786 日本の経済政策　小林慶一郎
- 2388 人口と日本経済　吉川　洋
- 2338 財務省と政治　清水真人
- 2541 平成金融史　西野智彦
- 2784 財政・金融政策の転換点　飯田泰之
- 2041 行動経済学　依田高典
- 2501 現代経済学　瀧澤弘和
- 1658 戦略的思考の技術　梶井厚志
- 1824 経済学的思考のセンス　大竹文雄
- 2045 競争と公平感　大竹文雄
- 2447 競争社会の歩き方　大竹文雄
- 2724 行動経済学の処方箋　大竹文雄
- 2575 移民の経済学　友原章典
- 2473 人口減少時代の都市　諸富　徹
- 2751 入門 環境経済学（新版）　日引　聡　有村俊秀
- 2743 入門 開発経済学　山形辰史
- 2571 アジア経済とは何か　後藤健太
- 2506 中国経済講義　梶谷　懐
- 2770 インド―グローバル・サウスの超大国　近藤正規
- 2420 フィリピン―急成長する若き「大国」　井出穣治
- 290 ルワンダ中央銀行総裁日記（増補版）　服部正也
- 2612 デジタル化する新興国　伊藤亜聖
- 2802 日本の財政―破綻回避への5つの提言　佐藤主光